"1+X"证书制度下
高职复合型技术技能
人才培养探索与实践

Exploration and Practice in Cultivating Multi-disciplinary Talents of Technology and Skill in Higher Vocational College under the "1+X" Certificate System

陈碎雷 著

北 京

冶 金 工 业 出 版 社

2022

内 容 提 要

本书分析了"1+X"证书制度与高职院校复合型技术技能人才培养融合的内涵、逻辑和路径，结合实际案例从人才培养模式、课程体系、教学资源、师资队伍、实习实训等方面进行了"1+X"证书制度与技术技能人才培养的融合探索，为"1+X"证书制度下高职院校复合型技术技能人才培养提供了可借鉴的路径。

书中从人才培养模式融合、课程体系融合、教学资源融合、师资队伍融合、实习实训融合等角度提出了具体的做法，并从突出双元育人、强化课证融通、打造双师团队、健全运行机制、构建评价体系等方面提出了推进策略。本书可供高职院校专业教师、教学管理人员、高职院校专业学生、企业管理人员等阅读参考。

图书在版编目 (CIP) 数据

"1+X"证书制度下高职复合型技术技能人才培养探索与实践／陈碎雷著 . —北京：冶金工业出版社，2022. 10

ISBN 978-7-5024-9312-7

Ⅰ. ①1… Ⅱ. ①陈… Ⅲ. ①高等职业教育—技术人才—人才培养—研究—中国 Ⅳ. ①G316

中国版本图书馆 CIP 数据核字（2022）第 189329 号

"1+X"证书制度下高职复合型技术技能人才培养探索与实践

出版发行	冶金工业出版社	**电 话**	(010)64027926
地 址	北京市东城区嵩祝院北巷 39 号	**邮 编**	100009
网 址	www. mip1953. com	**电子信箱**	service@ mip1953. com

责任编辑 夏小雪 美术编辑 彭子赫 版式设计 郑小利
责任校对 范天娇 责任印制 李玉山 窦 唯
北京虎彩文化传播有限公司印刷
2022 年 10 月第 1 版，2022 年 10 月第 1 次印刷
710mm×1000mm 1/16；10.75 印张；207 千字；158 页

定价 62.00 元

投稿电话 (010)64027932 投稿信箱 tougao@cnmip. com. cn
营销中心电话 (010)64044283
冶金工业出版社天猫旗舰店 yjgycbs. tmall. com
（本书如有印装质量问题，本社营销中心负责退换）

序　言

　　"1+X"证书制度是《国家职业教育改革实施方案》的重要创新，是促进职业教育教学改革的重要举措，是"学历教育与职业技能培养"有机融合的人才培养模式创新，具有融通性、动态性、协同性、开放性等特征。

　　"1+X"证书制度将带来教育教学管理模式的变革，模块化教学、学分制、弹性学制等新的人才培养模式和教学管理制度将在试点工作中涌现出来，这些新的变化将对高职院校现有的人才培养模式和教育教学管理模式带来机遇与挑战。如何应对"1+X"证书制度是摆在高职院校面前的重大课题。

　　高职院校作为"1+X"证书实施的主体，试点过程中课证融通不紧密、教学内容与证书培训内容衔接不顺畅、专业教学标准和职业技能标准不统一等现象依然比较突出。当前"1+X"证书制度的相关研究主要集中在"1+X"证书制度的试点工作任务、措施等内容，缺乏从高职院校和具体专业层面探讨"1+X"证书制度的试点研究，而对于高职院校如何基于"1+X"证书制度试点，从具体专业层面深入开展复合型技术技能人才培养模式的研究更是空白，也是本书研究的重点。

　　本书通过问卷调查的方法，深入调研行业企业对复合型技术技能人才的需求以及职业岗位对职业能力水平和专业化程度的要求，分析需求特征、职业领域岗位群从业标准，进而调整专业培养目标和人才培养规格。同时，本书深入分析了"1+X"证书制度与技术技能人才培养的融合逻辑和融合路径，从人才培养模式融合、课程体系融合、教学资源融合、师资队伍融合、实习实训融合等角度提出了具体的做法。定量分析"1+X"证书关键影响因子，进一步研究其关联性，重点针对影响"1+X"证书关键因子分析结果，提出相应改进策略，为"1+X"证书制度下高职院校复合型技术技能人才培养提供了可借鉴的路径和举措。

　　本书的创新点主要有：（1）深入分析了"1+X"证书制度与技术技能人才培养融合的逻辑和路径，并从人才培养、课程体系、教学资源、师资队伍、实习实训等五个方面分析了具体的融合举措。（2）定量分析和定性研究相结合，深入分析了高职"1+X"证书的影响因素，并提出了具体的推进策略。（3）以试点院校和试点专业为例，从多角度提出了"1+X"证书制度的实践示范，为基于"1+X"证书制度下的高职复合型技术技能人才培养提供了参考和借鉴。

杨翼

浙江大学管理学院博士生导师、教授

2022 年 6 月

前　言

本书分析了"1+X"证书制度的起源、现状及发展趋势，剖析了"1+X"证书制度与高职院校复合型技术技能人才培养融合的内涵、逻辑与路径，探索了"1+X"证书制度与技术技能人才培养的融合过程。从人才培养模式融合、课程体系融合、教学资源融合、师资队伍融合、实习实训融合等角度提出了具体的做法。同时通过实证研究方法分析了高职院校"1+X"证书制度的影响因素，并从突出双元育人、强化课证融通、打造双师团队、健全运行机制、构建评价体系等方面提出了推进策略，为"1+X"证书制度在高职院校中的试点提供了理论参考和数据支撑。

本书共分六章。第一章主要包含研究背景、"1+X"证书制度与职业教育改革、研究综述、研究目的和研究意义。第二章分析了"1+X"证书制度与高职院校复合型技术技能人才培养融合的内涵、逻辑与路径。第三章从人才培养模式、课程体系、教学资源、师资队伍、实习实训等方面提出了"1+X"证书制度与技术技能人才培养的融合探索。第四章以试点院校浙江工贸职业技术学院为例，从"1+X"证书背景下人才培养模式改革、教学改革、课程体系改革、实习实训改革、教学团队建设、课程思政等角度提出了"1+X"证书制度在高职院校中的探索实践。第五章通过实证分析，量化分析了高职院校"1+X"证书制度的影响因素，从突出双元育人、强化课证融通、打造双师团队、健全运行机制、构建评价体系等方面提出了"1+X"证书制度的推进措施。第六章阐述了"1+X"证书制度背景下高职复合型技术技能人才培养的趋势和发展策略。

　　本书是浙江省教育厅"十三五"教学改革研究项目：基于"1+X"证书制度的高职复合型技术技能人才培养研究与实践——以电子商务和物流管理专业为例（课题编号：jg20190893）的综合性研究成果之一，并得到浙江省教育厅专项基金支持。

　　在本书研究与撰写过程中，何丹、汪焰、陈再波、成荣芬、陈超凡、牛雅娟、白鸽、潘中柱、叶翔、吴洋、王丹和、万晓云、李红伟、黄莎莉、张珏、王星远、马忠才、朱杨琼、刘敏、叶杨翔、郭晓曼、王言炉等老师都给予了很多的帮助，在此表示由衷的感谢。

　　由于本人学识水平和经验有限，书中难免存在遗漏或不当之处，敬请广大读者批评指正！

陈碎雷

浙江工贸职业技术学院

2022 年 6 月

目　　录

第一章 绪 论

第一节 研 究 背 景

一、研究内涵

(一) 高等职业教育

高等职业教育主要包括高等专科教育、高等职业本科教育、研究生层次职业教育和成人高等教育（以下简称高职教育），属于类型教育，是构成我国教育体系的重要部分之一，主要职能在于服务社会经济发展，进一步来说是培养与发展相适应的足够数量的复合型人才[1]。

高职教育主要进行技能培训和技术操作、应用方面的学习，实践操作较多；学科型普通高等教育主要进行文化和理论方面的研究，基础理论知识的学习较多。二者虽然处于不同的教育类型之中，重要程度却是一致的。高职教育与社会科技和经济发展关系较为密切，主要关注产业经济发展，为我国经济发展提供足够数量的高技术技能人才，高职教育以培养推动社会经济发展所需要的复合型技术技能人才为目标，本书主要以高职层次的职业教育为研究对象。

高职院校作为"1+X"证书制度试点的主要力量，在"1+X"证书制度的探索和发展中扮演着关键角色[2]。为满足试点工作要求，推进工作进展，高职院校需要建立专业化的研究队伍，加强教学与管理队伍建设，为"1+X"证书制度的实施打下基础。

(二) "1+X"证书制度

2019年1月24号，国务院印发的《国家职业教育改革实施方案》中，明确提出"1+X"证书制度，要求各相关部门积极开展学历证书与职业技能等级证书的认定、积累和转换工作，为复合型技术技能人才的培养建立新的模式和方法。2019年4月4日，为落实国务院决策部署，推动职业教育发展，教育部等四部门印发了《关于在院校实施"学历证书+若干职业技能等级证书"制度试点方案》的通知，提出"国务院教育行政部门要研制相关规范，建设信息系统，对学历证书和职业技能等级证书所体现的学习成果进行登记和存储，尝试学习成果的认定、积累与转换。"

"1+X"证书制度改革了评价管理体系，为复合型技术技能人才的培养建立新的模式和方法。它将职业技能证书分成了初级、中级、高级三个层次，用作学生职业技能水平高低的凭证。衔接初等、中等和高等职业教育，由此形成了一个阶梯式的学习和技能的提升过程。"1+X"证书制度将学历证书与职业技能证书分开，要求学生在获得德智体美劳全面发展的"1"（学历证书）的基础上，掌握"X"（多类型职业技能等级证书）证书以获得特色发展。区别于"双证书"制度，"1+X"证书制度将"1"与"X"的发证主体分开，形成不同的组织结构和资历框架，将评价认证权力交给企业或行业，不但体现了政府权力下放的决心，强化了行业、企业在教育中的作用，而且将教育引入社会，职业对接专业，学生对应岗位，以行业标准来评价学生，使职业界获得较大主动权，让职业界与教育界紧密联合，层层协调合作，避免校企断层，协同培养出能更快适应社会职业岗位的职业人才。有学者认为学历证书"1"是发展起点，职业技能等级证书"X"为特色，学历证书"1"作为起点表明了其奠基的性质：要对学生进行德智体美劳教育以及职业技能通用课程教育，为他们后续获得全面性的发展打好基础，"X"具有针对性，代表了多种技术技能的等级，体现了从业者的职业素养、职业综合能力等专业技能水平的高低。从高职院校育人角度看，"1+X"是一个整体，构成完整的教育目标，互相促进，不可分离[3]。

（三）复合型技术技能人才

我国以往培养的人才分为两类，第一类是精通某方面专业基础知识并具有科研能力的人才，这一类人叫作学术型人才；第二类是对于某项技术技能进行精确的掌握和熟练的操作，这一类人被称作操作型人才。我国高校在人才培养类型上，根据研究方向的不同主要分为主做科学研究本科层次的研究型大学，精通与实践操作能力培养的本科应用型大学以及中高职院校。研究型大学主要培养做学术或理论研究的学术型人才，高职院校培养具有实际操作能力的实践型人才，这种理论与实践的分离会对学生的发展产生一定割裂。目前科技发展迅速，对于人才的要求也在不断地产生变化，为适应社会生产和时代发展，"1+X"证书制度的出现促使一批新兴人才开始走向行业舞台——复合型技术技能人才。复合型技术技能人才是学术型和应用型职业人才的有机融合，是指具有较高职业道德情操、精通多学科性的知识、具备多种职业实践技能的身心健康的高素质人才。复合型是指"知"，应用型主打"行"，要求新时代人才必须"行知结合"。复合型技术技能人才的特点有：素质复合、知识复合、能力复合以及品质复合。素质复合指具有正确的政治观，确保"德智体美劳"和谐共同发展；知识复合指具备多种专业和非专业的理论知识，能进行多专业知识的融合与运用；能力复合指具有操作性、创新性和执行能力等多种必备从业能力素养；品质复合指具有高尚的品德、职业必备精神、全局性视野等。

二、高职教育"1+X"证书制度的生成基础

随着全球化趋势的不断推进，科学技术发展的日新月异，许多现存职业岗位面临着淘汰或更新，社会对职业人才的素质和能力要求发生了较大的变化，对技术技能人才的创新能力、职业素养等方面有了更高的要求。自 2008 年国际金融危机爆发，世界各国纷纷吸取经验，都意识到了实体经济存在的重要价值，开始大力发展实体工业，对于职业人才在质量和数量上的需求也有所提升。首先，当前全球制造业变革会影响各国家的综合国力和国际地位，全球化视野下的国际竞争就是人才的竞争，未来的人才是具有创新能力、掌握理论知识、熟练操作技能的复合型技术技能人才。其次，高职院校作为职业教育的重要力量，是职业人才的主要输出渠道。随着社会不断地变革以及经济全球化的趋势，综合国力的竞争演变为人才的竞争，因此，高职院校的运行机制、人才培养标准等方面也需要进行改革和更新。旧证书制度的不适应导致高职院校内部管理机制、教学模式等运转不畅，机构组织、教材内容与方法有待创新，高职院校面临着发展的瓶颈，急需新的制度为学校变革带来契机。

2019 年 1 月 24 日，《国务院关于印发国家职业教育改革实施方案的通知》（以下简称《通知》）提出"1+X"证书制度，要求各相关部门，积极开展学历证书与职业技能等级证书的认定、积累和转换工作。《通知》中提到"启动'1+X'证书制度试点工作，在获得学历证书的同时，鼓励高职院校学生积极获得多种技能等级证书，拓展就业创业本领，缓解社会结构性就业矛盾"。从《通知》中可以了解到，"1+X"证书制度对现有的评价管理体系进行了改革，为职业人才的培养建立了新的模式和方法，并将职业技能证书分成了初级、中级、高级三个等级，用作评定学生职业技能水平高低的凭证[4]。

衔接初等、中等和高等职业教育，由此形成了阶梯式的学习和技能的提升过程。"1+X"证书制度将学历证书与职业技能证书分开，要求学生在获得德智体美劳全面发展的"1"（学历证书）的基础上，掌握多类型的职业"X"（职业技能等级证书），获得可持续发展的能力。"职业技能等级证书"不仅能准确地反映获证者从业能力的水平高低，而且方便考证者结合自身优势、能力和兴趣等进行选择性报考，解除报考人群限制，具有社会包容力和适应力，有利于终身学习社会的构建。

"1+X"证书制度被认为是新时代职业教育制度的创新之举，是促进职业教育内涵发展的重要保障。"1+X"证书制度鼓励学生在获得学历证书的基础上继续学习，获取更多类型的职业技能等级证书，"1"与"X"就是学校学历教育和社会用人需求两个方面要素的对立统一，强调了学历证书与职业技能等级证书同等重要的位置，创新了职业教育人才培养模式，让获证标准融入专业人才培养方案，为职业教育的发展开辟了新的路径，有助于解决社会结构性就业矛盾。

三、"1+X"证书制度的特点和价值意蕴

随着新一轮技术革命的发展，越来越多的传统生产方法不断被淘汰或取代，同时，新的知识、生产方式和岗位不断涌现，带动了我国职业界的发展与变革，我国职业教育也面临着新的挑战。过去的"双证书"制度（学历证书+职业资格证书）已不能顺应时代发展速度和市场需求变化，制度需求与供给不匹配，导致双证之间相互制约、机构组织固化、评价标准名存实亡等问题频出，限制了我国职业教育的进一步发展，急需新的制度带来突破。"1+X"证书制度中，"X"涵盖了多种不同类型的"职业技能等级证书"，与"双证书"制度的"职业资格证书"存在质的区别。从《国家职业教育改革实施方案》（以下简称《方案》）中可以了解到，"1+X"证书制度将"1"与"X"的发证主体分开，各自存在于不同的组织结构和资历框架中[5]。《方案》中体现了学历证书"1"与职业技能等级证书"X"是互相互补、相辅相成的关系，"1"指的是要对学生进行德智体美劳教育以及职业技能通用课程教育，"X"代表了多种技术技能的等级，体现了从业者的职业素养、职业综合能力等技能水平的高低。从政府调控的角度来讲，"1"与"X"相互作用、互为补充、共同促进，从高职院校来看，"1"与"X"又是一个整体，共同体现了高职院校的教育目标，它们相生相长、共同进步。

（一）制度创新价值，筑牢高等职业教育制度根基

制度安排和制度创新对于高等职业教育的未来发展至关重要，职业教育也需要与相应的制度匹配以完善其发展路径[6]。

改革开放以来，我国逐步建立起现代职业教育体系，在相关教育政策的引导和促进下日趋完善，"1+X"证书制度作为新生的职业教育制度，创新了我国现代高等职业教育制度体系，为职业教育的发展开辟了新的发展路径。随着我国经济结构的调整和产业转型升级，生产组织方式和技术手段的变化，新经济、新业态出现，随之而来的新岗位、新技术的迭代升级使我国现实社会矛盾也发生了转化。人们对于自我生活产生了更高的要求，消费观念和消费能力的改变，带动了生产技术的更新和变化，多种行业和企业受到挑战，对职业人员的要求也有相应的提升。因此，要提升职业教育服务社会经济的能力，需要相应的制度创新引领和规范。不同于之前的职业证书制度，"1+X"证书制度要求职业人员熟练掌握其所从事行业的职业技能，了解生产或服务对象的要求和需要，掌握行业未来发展趋势。传统的职业资格证书制度只是简单地对职业技能进行结果性评价，缺乏

感受职业变化趋势敏感度的能力。当下职业教育制度要与社会环境、产业需求相结合，"1+X"证书制度的出现走出了职业资格证书运行和管理的困境，创新了职业资格证书与学历证书之间的关系，满足了学校转型需要，同时也对接了市场职业岗位需求。"1+X"证书制度创新拉近校企关系的同时，鼓励社会多方力量参加职业教育，激发办学内生动力，建立起多元办学格局，更好地发挥了市场的作用。职业教育的制度创新对于目前社会经济发展有促进作用，同时有助于学校转型发展，使中高等职业教育顺利衔接，学历证书与职业技能等级证书共同作用的国家资历框架的搭建，助力终身学习型社会的构建。因此，"1+X"证书制度创新了我国职业教育制度体系，为职业教育未来发展注入了新的生命力。

（二）人才培优价值，优化高职院校人才培养模式

新经济、新业态出现，使新岗位、新技术不断地迭代升级，引导我国高职院校的内部布局也发生相应改变。"1+X"证书制度的出现与实施，对高职院校、学生以及社会等都产生了很大的影响。首先，"1+X"证书制度的目标是培养新时代的复合型技术技能人才，创新高校的人才培养模式。高职院校作为实施职业教育的第一场所，是人才培养的核心所在，是为我国经济发展提供充足的高素质职业人才的重要后备力量，也是"1+X"证书制度的试点工作中实践的核心机构。"1+X"证书制度的初衷是使学生获得学历证书，考取职业技能等级证书，拓宽知识面和技能范围，满足新时代人才需求。由此可知，"1+X"证书制度带动高职院校人才培养的标准和人才培养模式发生了变化，因此，如何快速高效地培养出技术技能型人才是高职院校需要思考并践行的重点。

长期以来，我国职业教育受普通教育的影响，在内容上过于关注理论性，条块化、碎片化的学习，注重单技能的培养，难以跟上社会高频度的科技更新和不断变化的岗位需求，课程设置也存在重复性设置以及缺乏匹配性等问题。"1+X"证书制度鼓励学生掌握多种技能，将理论和实践并重，在高职院校落实"1+X"证书制度过程中，校内专业布局、校企合作等方面也得到了相应改善。高职院校与行业企业之间的合作是高等职业教育中必不可少的教育模式，高职院校与行业企业既是合作伙伴也是命运共同体的关系，但校企合作依然有很多问题存在。"1+X"证书制度为企业行业参与职业教育提供了思路，进一步提高了行业企业参与高职院校人才培养的积极性。随着国家教育经费投入的增加，高职院校设备设施短缺的情况相对减少，高职院校更需要从企业那里得到的是企业对于职业人才培养的参与，包括参与学校人才培养方案的制定与实施、参与学生实习实训工作的培训和评价等。"1+X"证书制度的出现促使企业与高职院校的合作更加的深入，两者的契合度越来越高，真正达成了命运共同体的关系，学校的理论学习与企业的实习实践紧密结合，更容易感知社会职业变化，教育目的以及培养目标也随着

社会的变化而不断更新。高职院校与企业的进一步合作，激发了高职院校的市场敏感度，有利于高职院校跟随社会发展及时更新和优化人才培养模式，带领职业教育走向新的发展空间。

（三）社会服务价值，增强高职院校社会服务功能

自 1986 年莫雷尔法案颁布，美国的赠地学院出现，前期主要用作社区的咨询服务，合作研究以及进行继续教育等方面[7]，后期经过不断地丰富和衍生，高校的社会服务功能确立并正式进入大众视野，成为现代大学的重要职能之一，相对于大学的其他两项主要职能，大学的社会服务职能确立时间较晚，但作用却是最直接深刻。从广义上来说，大学的社会服务职能是通过对人类知识、文化的更新、传播以及创新等方式将其运用于实践，直接地解决社会问题而推动社会进步。对于人才的培养以及对理论和科学相关的研究，这种大学诞生开始就被赋予的价值是属于广义上大学服务社会的体现。狭义的社会服务职能则是指通过大学的各项资源的调动，有计划有目的向地方和社会提供一定的服务，直接对社会实践产生影响以满足社会现实需求的行为[8]。

不论是广义还是狭义的含义，目前都是作为高校综合能力的一种表现形式，近年来，大学服务职能随着高校功能与数量的不断提升、完善得到了丰富和发展，实现途径也变得多种多样。高等职业教育区别于普通教育，特别强调面向贫困人口、农村人口等贫困地区的群体，具有更大的社会参与性和包容度，能为贫困地区的学生提供低成本的受教育契机，对于我国脱贫攻坚工作有较大的帮助，同时也有助于乡村振兴战略的实现、全面小康社会的构建[9]。

对于高校本身的发展来看，服务社会的能力和水平被认为是高水平高职院校的标志，具有引领行业发展，有利于促进高职院校的内涵式发展。对于企业而言，高职院校服务社会也就是服务企业本身，因此要鼓励企业积极参与高职院校人才培养，不仅有利于落实高职院校服务社会的职能，也帮助企业培养更多符合产业发展方向、具有创新精神和能力的技术技能人才，解决企业发展和生产的实际问题[10]。

2019 年 4 月，在教育部、财政部发布《关于实施中国特色高水平高职学校和专业建设计划的意见》中，提到目前要将高等职业学校服务社会发展的能力和水平作为建设一批高水平的一流高等高职院校和一流专业群的标准，也被认为是实现高职学校内涵发展的重要举措。

高等职业教育作为我国国民教育体系的重要组成部分，是教育服务社会的重要手段之一。"1+X"证书制度建立了学校与企业之间的联系，利用校内的教育教学资源将现有人力资源快速地转化为社会生产力，以实现服务社会的目的，在调控人员配置、推动社会经济转型发展等方面具有十分重要的意义。可见，"1+

X"证书制度的社会服务功能主要体现在：将职业教育与社会的发展联系起来，打通高职院校与企业行业共同服务于社会发展的通道。通过"1+X"证书制度，高职院校能够达成书证融通，合作企业能直接参与到高职院校人才培养过程中，职业人才标准接轨企业岗位要求，双方都能创新性地开展工作和学习，更好地发挥高职院校的社会服务功能。另外，高职院校服务社会的职能不仅体现在直接向社会提供所需要的职业人才，而且还在这个过程中不断地创新、生产新的知识和技能，更新现有知识和技能，推进科技的改革和创新，形成一个无限循环的闭合回路，将高职院校服务社会的价值发挥得更加明显。以高职教育证书制度的历史演进为研究顺序，溯源我国职业教育证书制度以及各自变革的动力机制，以反映"1+X"证书制度的生成逻辑，从职业教育证书制度的源起到"1+X"证书制度的正式形成，基于不同社会阶段的现状和问题构成其变革的动力机制，从没有正规标准的考核制度变革成为"双证书"制度，再由"双证书"制度到"1+X"证书制度，在整个过程中，遵循一定的逻辑，通过对各阶段的研究，将各阶段证书制度的特征、优势、问题和价值予以体现，最终通过明晰"1+X"证书制度的内在价值，为"1+X"证书制度的研究打下理论基础。

第二节　"1+X"证书制度与职业教育改革

一、"1+X"证书制度起源

随着云计算、物联网、大数据、人工智能等新兴技术的飞速发展，以往劳动密集型、资源密集型的产业越来越难以满足时代发展的需要，加快产业转型升级成为社会各界的共识，对于复合型技术技能人才的需求也日趋迫切。作为复合型技术技能人才培养的主动脉，职业教育越来越受到国家重视。但是长期以来，职业教育受普通教育办学模式影响较大，自身的特点与优势不能真正得以体现，复合型技术技能人才培养机制仍有待完善。

"1+X"证书制度是我国职业教育领域内的研究重点，其对促进校企合作、培养复合型技术技能人才、彰显职业教育类型特征具有重要意义。当前学者们对"1+X"证书制度的研究主要集中于内涵、意义、实施任务、国际经验、存在问题及对策等方面，并呈现出内涵界定日益明晰、紧密联系试点专业、聚焦人才培养过程的特点。

2019年，国务院印发了《国家职业教育改革实施方案》，明确提出深化复合型人才培养模式改革，启动"1+X"证书制度试点工作。教育部连续颁布了《关于在院校实施"学历证书+若干职业技能等级证书"制度试点方案》（以下简称《试点方案》）、《关于推进"1+X"证书制度试点工作的指导意见》等政策文件，为"1+X"证书制度的实施提供进一步的指导。截止到2021年7月，教育部共启动四批次的"1+X"证书制度试点，共遴选和批准 447 个试点证书，共有 4923 所学校（包括 2955 所中职、1334 所高职、634 所本科）实施"1+X"证书制度。预计未来几年将进入"1+X"证书制度的全面推广和落实阶段。对"1+X"证书制度的研究可以为落实《试点方案》、完善职业教育体系、深化校企合作提供理论支持。

二、探索"1+X"证书制度是职业教育改革的核心

2019 年 11 月，国家颁发了职业教育改革后的第一批"1+X"职业技能等级证书。这是国家在进行"1+X"证书制度试点后首批颁发的证书。2020 年全国高校毕业生创历史新高达到 874 万人，就业压力显然不止于此。2021 年《政府工作报告》指出，城镇新增劳动力在 1400 万人，同时还要保障退役军人就业，也要为 2.8 亿农民工提供就业机会。层层压力之下，高职院校毕业生就业无异于"千军万马过独木桥"。但"1+X"证书制度的探索和落实，大大提高了高职院校毕业生在就业市场的成功砝码。

这次制度改革，让单一技能人才成长为复合型技能人才，提高人才培养质量的同时也提高高职院校学生就业率。不管从人才培养质量来说，还是毕业生就业矛盾缓解层面来看，"1+X"证书制度作为一项重大改革举措和制度设计，在人才培养、结构性就业矛盾缓解、拓展学生就业创业广度等方面都起着不可或缺的基础性作用，这恰恰是职业教育改革的核心和重点，"1+X"证书制度是教育制度和就业市场深度融合的必然走向，需要进一步探索和落实推进。

三、高职院校推进"1+X"证书制度的现实意义

（一）有利于促进现代职业教育体系的完善

"1+X"证书制度除了能有效推动职业教育改革外，对高职院校的人才培养也有着深厚的现实意义。"1+X"证书制度，必将有力提高高职院校人才培养的多面性和专业性。

"1+X"证书制度的实施，将推动职业教育体系的培训功能与经济社会需求的融合。传统职业教育是学校本位的教育模式，教育课程和培训体系"一脉相承"，几乎不受经济社会的影响。"1+X"证书制度，在很大程度上促进了学校培训和市场需求的无缝对接，从市场需求层面倒逼学校培训的改变。"1+X"证书制度从根本上赋予了高职院校人才培养的特色化和多样化，改变了高职院校传统固定的课程体系，从实际需求出发，丰富并调整课程和学习内容，完善技术技能人才的评价标准，使得技能人才的培养更灵活机动，充分考量市场需求，达到了提高人才培养质量的目的。

（二）有利于推进我国技术技能人才与国际接轨

有利于推进我国技术技能人才的国际化接轨。全球化过程中，国际化技术技能人才的培养也是关键一环。环顾国际，英国、德国和瑞士等技能人才的培养，多证书制度基本已经成为国际化技能人才培养的基础。"1+X"证书制度的启动，是我国与国际技能人才培养制度和标准的接轨，将在很大程度上助推我国掌握多专业技能、储备多专业知识、具备国际视野、有能力参与国际竞争的复合型国际化技术技能人才的培养。

（三）有利于调动更多社会力量深入参与职业教育

"1+X"证书制度的试点，将调动更多社会力量参与到职业教育，尤其是专业技能的培训中，从市场需求层面"反哺"职业教育中最实用的技术技能培训，形成高职院校—用人单位—学习者的正向技能传输通道。

而且，社会企业力量的介入，将从师资培训服务、教学资源保障及社会实际需求等多方面给"X"的技术技能培训提供明确方向。比如，科大讯飞作为知名人工智能企业及国家级产教融合企业参与到"1+X"职业技能等级证书试点工作中，从考务培训与技能培训两方面着手，以其自主研发的教材、题库及实验资源支撑院校教学，确保真正打造出适合市场的复合型技术技能人才。

"1+X"证书制度从学历和职业技能方面给学习者创造更多条件，让更多年轻人不仅取得职业教育学历而且可以掌握多种专业技能，造就更多高素质"蓝领"，打消社会对"蓝领"劳动者的偏见认知和顾虑，打通职业教育入学、技能取得和就业通道。

第三节 研究综述

一、"1+X"证书制度国际经验综述

对国际经验的借鉴、吸收和本土化改造，是我国"1+X"证书制度后续发展中不可或缺的环节。这部分的文献主要集中于对英国、法国、德国和美国等国家的研究。英国 BTEC（The Business and Technology Education Council）是英国商业与技术教育委员会的简称，同时也可作为该机构颁发的职业资格证书的简称[11]。

英国 BTEC 以职业资格标准为课程开发依据、以"课业+成果"为课程评价方式、以"内审+外审"为证书考核形式，符合我国"1+X"证书制度的设计理念，同时也为我国"1+X"证书制度中"课证融通"的实现提供了借鉴：依托职业标准设立融合标准、依托市场需求设置融合内容、依托质量监控机制完善融合评价体系[12]。

法国将职业资格证书分为就业证书和培训证书两类，将证书认证途径分为"法定列入"和"非国家名义颁发"两种，其完备的职业资格证书体系对我国"1+X"证书制度具有重要借鉴意义，主要体现在证书管理的高效性、证书设立的科学性、证书申报的多主体性以及证书互认的国际性等方面[13]。

德国的"职业教育+附加职业资格"制度与我国的"1+X"证书制度有异曲同工之妙，都旨在鼓励学生积极获得各种职业资格证书，增强自身就业本领，该制度最突出的特点即强调了个人的自主选择性和信息化培训平台的建设[14]。

美国提出在社区学院实行"可堆叠证书（Stackable Credential）"制度，即证书可以像积木一样进行模块拆分和灵活叠加，不断拥有证书的个人将沿着职业阶梯逐级上升并获得高薪工作，美国可堆叠证书制度已实行近十年，其积累的成功经验可以在证书开发主体、证书实施范围、课证融通机制以及学分互认制度等方面为我国"1+X"证书制度的实施提供参考[15]。

经济合作与发展组织 OECD 认为，德国资格框架是根据个体所获取学习成果进行资格鉴定和分类的依据与标准，这套标准可能包含在资格描述中或者以一套等级描述的形式呈现，使鉴定结果更加真实合理[16]。

Dina Kuhlee 认为，学生在接受"双元制"职业教育前会与培训企业签订培训协议，所有培训协议必须在行业协会登记注册并定期检查已备案培训协议的实际执行情况，特别是学徒的工资发放、受训时间、假期安排等[17]。

Thomas R. Cusack 认为，政府在一个国家的技能证书工作中担任的角色很大程度上由这个国家的政治制度决定。他强调如果一个国家的政策越健全，那么它对企业的吸引力就会越大，企业也更乐意政府参与其中[18]。

Andra Wolter 提出，在社会发展的不同时期对人才的需求是不同的，但是整体来看，产业结构的调整会影响社会对高职院校人才的需求，并且这种需求是越来越高的，经济社会的发展呈现上升状态，对职业技能的需求也是越来越高，教育的发展与改革是完全依据一个国家的政治经济发展的，两者是相呼应的[19]。

二、"1+X"证书制度现状综述

从"1+X"证书制度相关文献的梳理结果来看，研究已取得了一定的进展，主要表现在以下几个方面：

（1）内涵界定日益明晰。自 2019 年提出"1+X"证书制度概念以来，不少学者都对政策的内涵进行了解读，并从特点、目的、必要性、相关利益主体、与传统教育制度区别等维度出发，全面阐释了"1+X"证书制度的实际内涵，为制度的进一步实施提供保障。

（2）紧密联系试点专业。对"1+X"证书制度相关文献涉及的专业进行频次统计，发现会计、物流管理、Web 前端开发、老年服务与管理及汽车运用与维修等专业出现频次较高，与教育部公布的"1+X"证书制度试点院校名单高度吻合。另外，已有研究也较全面地反映了试点专业已取得的进展及存在的问题。

（3）聚焦人才培养过程。近两年研究者对"1+X"证书制度的研究逐渐从政策解读聚焦到人才培养过程，更加关注"1+X"证书制度下复合型人才的培养，并从课程建设、师资建设、培训评价组织建设等方面进行探究，提出了切实可行的建议。

本章以物流管理专业为例，从"宏观—中观—微观"三维视角对研究现状进行概述，具体如下：

（1）立足顶层制度建设角度的宏观研究。"1+X"制度尚在试点过程中，顶层制度设计为"1+X"制度的大致实施指明了方向，但如何具体实施还有赖于执行机构的认知。因此，部分研究人员基于自己的研究视角与逻辑提出"1+X"制度在宏观建设上的建议。如张开旺、贾颖绚、冯伟、包套图等对应用型本科层次教育与高职层次教育的"1+X"制度实施进行了宏观讨论[20-21]。

（2）立足专业建设角度的中观研究。以物流管理专业为例，正是由于"1+X"制度尚处试点阶段，因此，"1+X"制度在当前并不存在标准化的问题。当"1+X"制度被提出之后，如何基于"1+X"制度的视角建设高职院校物流管理专业成为各院校教研教改的重点方向。如何佳祺、周建军、张锦惠等的研究都对如何在"1+X"制度下建设物流管理专业提出了意见[22-23]。

（3）立足具体课程建设角度的微观研究。此类研究立足微观视角，以探索具体课程如何配合"1+X"制度的实施为具体研究目标。以物流管理专业和供应链管理专业的课程为例，尚书山、孙梦黎分别以仓储、配送及物流管理专业的相关实训为例做了研究[24-25]。

另外，除此三大方向的研究之外，也有少量研究以如何在"1+X"制度实施的背景下，在高职院校中构建双师型教学团队为方向进行了研究[26]。

总体来讲，"1+X"制度作为我国新提出的一项教育改革举措，当前的研究多属探索阶段，至于如何细化"1+X"制度的实施方案，以及有关"1+X"制度效果的实证研究都未能顺利开展。具体到物流管理专业中，大部分研究集中在中观与微观视角，研究思路均为如何让物流管理专业的整体框架以及特定专业课程配合"1+X"制度的实施。

三、"1+X"证书制度内容研究综述

政策的生命力在于落实，只有将"1+X"证书制度有效付诸实践，其生命力才得以彰显。自启动"1+X"证书制度试点以来，不少学者都对"1+X"证书制度的具体实施任务进行了研究。概括而言，这部分研究主要聚焦于"1+X"证书制度下的课程建设、师资建设及培训评价组织建设等方面。

（一）"1+X" 证书制度下的课程建设

课程是教育的核心和关键，也是实施 "1+X" 证书制度的重要载体。绝大多数学者都从基本概念、开发原则及改革路径等方面对 "1+X" 证书制度下的课程进行了研究。首先，在基本概念方面，有学者认为 "1+X" 证书制度下的课程是以行业需求为导向、以职业技能等级标准为依据、以 "书证融通" 为路径的培养复合型人才的新型课程[27]。其次，在课程开发原则方面，代表性观点为李子云、童寒川提出的课程开发应遵循开放性、优化性及包容性原则。最后，在课程改革路径方面，有的学者从宏观层面论述了课程改革的实现条件，如张艳、刘军提出课程改革一方面要与高职院校办学宗旨对接，努力获得院校支持，另一方面要与企业用人需求对接，积极取得企业协助[28]；刘炜杰从微观层面论述了课程改革的实施路径，主要集中于课程目标、内容、实施及管理等方面[29]。

（二）"1+X" 证书制度下的师资建设

教师是证书教学和培训的最直接执行者，师资建设质量将直接影响 "1+X" 证书制度的实施成效[30]。

这部分的研究可归纳为师资建设的目标要求、发展现状及建议对策三方面。

关于师资建设的目标要求，研究人员认为教师需要掌握 "1+X" 证书制度的内涵且具备理论实践教学、"X" 证书培训及课程开发等方面的能力[31]。

关于师资建设的发展现状，研究人员认为当前师资建设仍存在一些问题，主要体现在教师个人和教师队伍两个层面。（1）教师个人层面存在教学理念陈旧、知识更新缓慢、实践教学能力不足、培训参与积极性不高等问题；（2）教师队伍层面存在教师来源单一、双师数量不足、队伍结构失调等问题[32]。

关于师资建设的建议对策，总结如下：从教师自身角度而言，应将培训融入教学，树立教学与培训并重的理念；扩充技能等级考评鉴定相关内容，重构自身知识体系；积极参与企业实践，及时更新教学内容。从高职院校角度而言，可以培育 "X" 证书重点教师和骨干教师，发挥试点教师模范带头作用；通过 "兼、引、培"（校企双向兼职、引进行业专家、专项培育）的方式扩充双师数量，优化教师队伍结构；完善教师考核评价制度，将绩效工资和教师参与度挂钩，形成激励教师主动参与 "1+X" 证书制度建设的长效机制[33]。

（三）"1+X" 证书制度下的培训评价组织建设

培训评价组织建设是政府顺应 "放管服" 背景，对职业教育治理体系和治理能力进行现代化改革的重要举措，不少学者都对此进行了研究。研究内容可概括为以下三点：

（1）培训评价组织的角色定位。学者们普遍认为培训评价组织是负责"X"证书标准开发、评价考核、培训实施、资源聚合，且集行业组织、教育机构、评价机构性质于一体的社会性组织。

（2）培训评价组织面临的挑战。有的学者认为培训评价组织作为"X"证书的建设主体，面临的最大挑战即"X"证书的培训、考核和评价工作[34]。也有学者认为培训评价组织还面临着平衡教育公益性和机构营利性、协调内部监督和外部监督、整合职业学校资源和企业资源等挑战[35]。

（3）培训评价组织的培育管理。从内部层面来看，培训评价组织应积极开展说明会和培训会，加强员工对"1+X"证书制度的理解；应充当高职院校和企业沟通的桥梁，整合多方资源共同开发"X"证书。从外部层面来看，政府应建立开放性的遴选机制，从社会公开招募符合"X"证书开发条件的培训评价组织；应建立成本分担和经费补贴机制，鼓励培训评价组织的发展[36]。

四、"1+X"证书制度问题及对策研究综述

我国"1+X"证书制度虽然是政府顶层设计的特色制度，但在其试点过程中不可避免地出现了一些问题，主要表现在以下几方面：

（1）配套制度不健全。首先，缺乏典型案例指导的配套制度；其次，缺乏长期发展引领的配套制度；最后，缺乏经费投入保障的配套制度[37]。

（2）多元主体合力不足。其一，职业学校的人才培养任务繁重，需要大量人力物力财力的投入，这对不少参与校企合作的中小企业而言都是高额开支，导致企业参与度不高；其二，培训评价组织缺乏统一遴选标准，服务质量参差不齐，部分培训评价组织的证书开发培训质量无法得到高职院校和企业的认同。

（3）"书证融通"难实现。"书证融通"是"1+X"证书制度最为核心的特点，但在实际试点过程中，出现了专业课程和证书课程不融通、学分互认机制匮乏和职业技能等级证书认可度低等问题[38]。

学者针对"1+X"证书制度试点过程中出现的问题进行了积极探索，并提出了相应的对策措施：

（1）健全配套制度。首先，树立榜样典型，加强对试点院校的经验总结；其次，制定长远规划制度，构建职业教育的发展蓝图；最后，建立奖补机制，保障经费使用自主权[39]。

（2）协同多元主体。其一，高职院校要推动产学研一体化，依托定向培养和定向服务，增强人才培养的针对性和高效性，提高企业经济效益，进而调动企业的参与度；其二，建立培训评价组织质量保障体系，制定统一遴选标准，严格培训评价组织准入机制，提升职业学校和企业对培训评价组织的信任[40]。

（3）加强"书证融通"。一方面，应制定学分转换标准，完善学分银行体系

建设，加强职业技能等级证书与专业教学在内容、过程及标准等方面的对接，进而促进课证融通；另一方面，应严格职业技能等级证书的发放，树立证书品牌意识，进而提升证书的公信力。

五、"1+X"证书制度发展趋势研究综述

（一）研究方向的分化

随着方案试点的实施和推广，不同的研究主体在面临不同的实际问题时会产生不同的思考。行政管理部门的研究者或许从全局出发，思考"1+X"证书实施的制度优化和体系构建。各级各类高职院校教师可能从教育教学实践中反思"1+X"证书实施的专业建设、课程改革和书证融通等困惑与出路。机构和企业参与主体的研究者可能会从人力资源开发与利用效率的角度，研究"1+X"证书实施的经济性和社会性。另外，研究方向呈细化趋势，研究者将结合专业群建设、专业构建、课程设置、学分银行、证书培训、证书评价等实践中的问题探寻某一具体方面的答案。

（二）研究重点的转移

研究的重点是由"1+X"证书制度实施过程中出现的问题决定的。随着方案实施的深入和推广，证书制度实施中的诸如制度建设、经费保障、资历框架、课程体系、书证融通等已逐渐成为研究的主要方向。未来几年，职业技能等级证书的培训主体遴选标准、培训体系、学分银行等会越来越受到研究者的关注。另外，学历证书和职业技能等级证书的对接与融合的相关研究将会成为职业教育改革的助力棒，"1+X"证书制度在职业教育改革中的价值以及两者的关系也会成为研究的重要内容。

（三）研究方法的多样化

随着方案实施的深入开展，定性研究和规范性研究满足不了实践工作的需要。研究方法将会更灵活多样，研究者可能尝试定性研究和实证研究，以便为"1+X"证书制度实施中的全局或局部问题作出更准确、更科学的论证，为"1+X"证书制度实施提供理论支持，为全面提升职业教育水平和推动职业教育改革建言献策。

六、"1+X"证书制度保障机制研究综述

关于"1+X"证书制度保障机制现状的研究理论也比较丰富，教育部、国家发展改革委、财政部、市场监管总局四部门共同联合发布的《高等学校资格证书+专业技能等级证书制度试点方案》着重说明，要建立职业技能证书和培训评估机

构的监督管理和服务、管理机制，建立专家遴选管理办法和培训评估机构招聘选拔办法，定期"双随机、一公开"的抽查方式和监督形式。教育部主要开展"1+X"证书制度的尝试内容，重点在于统筹要求、合理部署、有效指导，从大的方面进行调控，另外还要负责高校职业技能等级证书方面的监管内容。

王垚芝、卢德生在《德国职业资格证书制度及对"1+X"证书制度的启示》中提出，德国的行业协会具有一定的政府职能，作为职业资格认定的主体，其全程参与了学生获得职业资格证书的过程，在德国职业资格认定制度中发挥着核心作用[41]。和震、杜小丽在《美国与德国职业学校师资培养中的"三性"融合原则研究》中指出德国职业学校在教师职前职后侧重阶段、准入机制和教师资格证书制度等方面存在显著差异，而在法律体系保障、教师实践能力培养、师资准入机制等方面又存在一定的共性。从中可以借鉴到，国内"1+X"证书试点制度依赖完善的法律法规保障[42]。

第四节 研究目的

随着国家对职业教育的重视，职业教育的发展也逐步进入"深水区"。职业教育在当前良好政策环境下实现蓬勃发展的同时也面临着新的挑战。习近平总书记提出的"培养什么样的人"和"如何培养人"的问题，成了新时代职业教育领域急需破解的核心。启动"1+X"证书制度试点工作，是"职教20条"中的一项重要内容，是国家各部门为进一步健全职业教育和职业培训体制、促进产教融合与校企合作而做出的重大制度设计，也是国家各部门推动职教复合型人才培养模式变革的重大行动。近年来，随着中国传统产业进一步降本增效、技能革新，新的技术革命也蓬勃兴起，随之也形成了不少新职位、新产业，但原来的学历证书、资格证书等体系已无法适应新型人才的快速健康发展需求。

一、教育教学模式改革

"1+X"证书制度改革的提出，有着突出的现实意义。"1+X"证书制度的核心是在传统高等教育毕业文凭的基础之上增设新型职业技能等级认证，以此鼓励新型职业高等院校学生在获取新型高等教育文凭的同时不断增强自己的职业技能，适应经济快速转型发展对人才的需要。"1+X"证书制度的设计工作，是利用人才培训测评机构对行业发展技术能力要求精准掌握的资源优势，研发"1+X"职业技能等级证书标准、课程教材和相关教学资源，帮助培训机构进行考核和认证培训，促进"新技术、新工艺、新规范、新要求"全面融入人才培训系统。在"1+X"证书制度背景下，高职院校现有人才培养模式已无法适应企业对人才培养能力的要求，因此我们需要重建新的教学模式，以提高学生学习效率与质量。

（一）"1+X"证书制度的推行，可以促进教育理念的变革

"1+X"证书技术体系的设计目标，是依托国家职业标准、借鉴国际范围内的先进标准，突出对综合型人才的培育和对职业能力的训练。"1+X"教学质量认证体系的推行，要求将教学重点围绕学习者群体需要，以行业企业的工作要求为基础设定课程内容，以学习者对学习的真正需要进行教学，根据行业能力要求进行评估，以解决传统职业教育中学生的主体地位没有保证、主体能力需要没有保障等影响职业教育培养品质的根源问题。

为了贯彻"1+X"证书制度，学校的育才观念也需要改变，必须建立以学习者为中心的教育主体观、以岗位职业能力为基础的课程设计观、以人性化培训目标为支持的教学服务观、以完成岗位任务和提高个人职业能力为目标的评价观念等。唯有学校等教育主体实现了基础教育思维的转型，才能够真正将"1+X"证书标准纳入人才培养方案，才能够围绕学生的社会主体身份和企业实际岗位工作技能需求设计课程与教学任务，才能够真正以均可接受的评判标准推动学校教育评价系统改革，督促教育者转换自己的课堂角色，从而真正成为高职院校学生学习过程的支持人、推动人与带头人，真正做到重视学生的学习，并把教师课堂的权利交给学生，从而实现教师在课堂教学中的权利转换。

（二）"1+X"证书体系的实现，可以促进课程的发展重构

证书体系的研究设计目的，是促进对培训方法的重建。"1+X"证书体系的设计工作，目的是为了提高学生的职业技术、知识、素质，通过补充新科技、新工艺、新标准等，扩大学生的职业领域、职业能力。为了达到这个目标，就必须在培养方案制定过程中对课程加以重建，提高证书所必需的知识、技术和职业素质等。

"1+X"证书制度的建设主要是指课程导向的改革，主要强调的是学习者职业技能的提高，职业技能的提高要从课程的重构与设置开始，并由课程导向转为技能导向。近年来，在职教领域的变革过程中，逐步形成了基于作业流程（或工作任务）的教学与研究方法，但受到师资水平、教学方式、课程环境、评估制度等因素的制约，在职教领域还没有完全脱离传统课程思维，课程设计还没有完全转向技能导向。"1+X"证书体系以证书的方式衡量教学的效果，必然使教育者真正了解学生的职业技能需求，从而改善课程的设置与课堂的管理方式，促进学生职业技能的有效提升。

"1+X"证书制度的考试标准推动课程设计方法的改革。认证体系下的课程，需要根据"1+X"证书标准的考核需求，设计并形成各种交叉联系、互成系统的

系列项目教学（任务），以帮助学习者通过项目教学的形式，在项目进行的过程中提高获得认证的能力，从而达到对自身知识、专业技能以及职业素质和行业企业人员工作能力要求的匹配。

（三）"1+X"证书体系的推行，可以促进教学方法的完善

教学方法指的是在某种教育理念下形成的一种教学活动的基本结构、框架与范式。"1+X"证书体系的实现，以提高学习者的职业能力为教学目标，既要实现与行业企业及其实际工作岗位相关职业能力相配套的课程任务，进而实现学习者职业能力的全面提高，也要在教学过程中更加注重职业情感、合作能力、协作能力。为了实现这一教学目标，高职院校需要坚持以学习者为中心，积极开展行为引导教育，推动以教学模式、教学方式等变革为重点内容的教学方法变革。

"1+X"证书体系下的课程是个革故鼎新的重大改革。第一，要进行教学方法的改革。教材首先要围绕认证标准所涉及的内容搭建好课堂情景教学与实训环境，同时进行项目教育、情境教学、案例教育。第二，要实现教学方式的改革。教材中要以提问、探索、合作、练习等形式，综合使用探究式、讨论式、活动式等教学内容，引导学生积极参与课堂教学。第三，要进行对教学设计的改革。教材要按照证书的教学内容相应设计课程任务、教材建设项目、课程案例，在建设项目、任务设计过程中有针对性地设置相关问题，并在实际教育过程中出现突发问题时，能指导、激励学生进行反思、讨论，找出探究问题的解决办法，在解决问题的过程中训练学生资源整合、创新、工艺提升、生产过程改善等方面的基本能力，从而达到以职业能力为核心的整体职业素质的全面认识、掌握与熟练。在这种以问题回答为教学方式的教育活动中，学生是教学活动的主要参与者，而教师则是课堂教学的主要设计师、组织者、支持者，协助学生获取信息、形成思想、解决问题，并在这样的教学活动中逐步提高能力，完成技能水平的提升。

（四）"1+X"证书体系的推行，可以促进教学生态的改变

"1+X"证书管理体系在课程目标、内容及考评方式等方面对职业教育的师资提出了系统性的改革需求。"1+X"证书制度下的教育理念，在注重培训学习者职业技能的同时，更注重培训学习者相互合作、相互支持，以及协调处理现实问题的能力，进而形成"共生关系"多于"竞争关系"的学习共同体。

"1+X"证书标准对应行业企业工作中的典型任务。第一，要求学习者之间必须建立对整个任务目标、任务内涵和已有资料以及现有要求的全面把握，并且要求学生以参与者的身份协调各项关系，和其他学生形成学习共同体来进行；第二，在职业技能的形成和提高过程中，通过学习者之间的经验交流、成果共享，更有助于学习者之间进行持续性的反思与交流，以实现职业能力的全面提高；第

三，学习共同体是指职业精神、职业素养协同构筑的过程，借助学习共同体的相互影响开展价值观、态度观念和职业情感的协同构筑，从而形成了人和职业之间的信息流、价值信条和职业标准的相互融合，在更具体的任务中更加强调合作行动、共同智慧，形成一种整体的、相互促进的学习共同体。

"1+X"证书体系建设是推进复合型技术技能人才能力培养方式变革的重大措施。随着对电子商务、物流管理等专业的"1+X"证书体系改革试点工作的实施，学校将创新教育方法，把"1+X"认证体系纳入相关专业的人才培养方案中，做到课证共生并长，开创知行合一、精准教育的全新人才培养方式，进一步拓展学生的就业途径，提升学生的职业水平。

二、人才培养质量提升

伴随着行业转型变革、数字化企业浪潮的来临，新行业、新技术、新要求倒逼着职业教育的教学改革。所以，研究设计和制定服务于新职业、新型企业的课程体系，调整完善当前教育环境与未来职业工作环境下的教学流程，进一步改革教师培养与考核激励机制，培育适应新型企业技术变革和行业转型发展需求的复合型技术技能人才，是职业教育必须担负的重大历史使命。但是，目前高职院校的教学内容与行业企业的职业教育要求，仍有脱节以及应用能力不足的情况。另外，企业也很难承担相应的人力资源成本投入教学研究，课程标准和企业标准间出现了断档。尽管高职院校采取加强校企合作的形式提升课程规范，但没有行业龙头企业的带动，很难确保课程规范的先进性和全面性。

因此，《国家职业教育改革实施方案》明确提出：将在职业院校（中职、高职）开展"1+X"双证书模式改革试点工作，以进一步推进复合型技术技能人才培养模式变革，以缓解人才短缺压力。《国家职业教育改革实施方案》指出，将力求通过选拔代表业界领先水准的龙头企业作为技术评价机构，并建立和提供代表行业或者领域的，涵盖新技术的职业技能评价标准，同时高职院校应积极顺应技术发展新潮流和职业发展领域新要求，进行"书证融通"的培养方式变革，并逐步把新科技、新工艺、新标准、新要求等纳入培养内容。

高职院校以"X"证书标准作为人才培养质量的重要评价标准，构建"专业+素养"综合职业能力评估制度，改革考评方法，以评促教、以评促学、以评促人才培养质量提升。"1+X"证书制度将进一步促进高职院校吸收优秀合作企业积极参与学校课堂教学模式和教学方法的改造，对优化教学课程变革、推动学校教师业务素质提高、改善教师培训教学质量等方面都将起到良好的推动作用。

以电子商务和物流管理专业为例，开展"1+X"证书试点为契机，围绕着电子商务和物流管理等领域发展动向，积极开展产业基地共建、研究平台共建，满足复合型技术技能人才的培养需求。

（1）采取成绩互通，学历证书和技能等级证书合一制度。专业群服务电商与物流管理类的关联行业，衔接"1+X"证书体系，实行课程模块与"X"证书衔接互认，采用学分制进行学历教育与技能等级证书的融通，将"X"认证内容纳入专业群人才培养方案与课程教材中，达到育训结合、职技共融、学科衔接，提升人才培养质量的效果。

（2）根据课证衔接，做好人才方案和课程的整合设计。按照"实际导向、书证融通"的教学设计思想，经过实践和相关行业市场需求调研、学校毕业生追踪调研，校企联合对学生实行专业知识基础能力、专项能力、综合素质分层次递进培训，将新型职业素质培养融合于复合型技术技能人才培养全过程，构建"实际导向、书证融通"的专业体系，做到专业体系与集成应用的证书标准高度衔接，"X"证书中所含的综合基本素质、专业知识与专业技能要求均与高职教育内容相一致。

（3）通过精准连接产品，全方位服务生产与流通企业的全过程。专业群面向"中国制造2025""一带一路""创新驱动发展"和服务区域经济社会发展的重大战略需要，立足区域，面向省市，辐射更大范围，针对电子商务与现代物流管理等各业务生产流程的关键技术，逐层分解为工作群，形成专业集群。同时，可以通过互兼互聘，混编教学团队助力人才培养。在"1+X"证书制度试点过程中，高职院校师资素养知识技能是认证管理制度落地实施的关键问题，具备各种才能的师资队伍才能顺利完成"1+X"证书制度的试点与推行。

（4）通过专业合作，共育复合型技术技能人才培养模式。专业群将结合国内知名企业，面向电商与物流管理等关键技术，共同开展专业技能核心教学，除提出培养方案和教学计划、校企合作专业群资源库和课程，共同开展课程教学并承担专业群知识培训外，还将由企业承担职业素养和工作能力培训或组织专业技能训练。同时，将逐步实施"1+X"证书制度试点工作，将"X"认证纳入专业人才培养方案和课程教学中，以实质性促进课程融通、育训融合。

（5）通过研发平台的共建，服务电子商务和物流管理行业转型升级。为了保证教师队伍的整体实力与管理水平，专业群着重建设专兼结合的教师队伍，建立校企融合的教学研究队伍，并力争形成一个全面职业化的教学管理队伍，为专业建设提供人力资源保障。同时，高职院校应积极与企业合作进行科技成果转化推广业务，进行"项目对接"，构建起互利互惠协同发展的产学研联合机制，并指导技术研究成果在企业转化。

总之，随着"1+X"证书制度的实行，培训学生在取得"1"文凭认定的同时，尽可能地取得"X"个职业技能等级证书。获得"X"个证书意味着毕业生掌握了多种职业技能，突破了专业的限制，成为培育复合型技术技能人才的主要途径。

三、服务产业转型升级

生产手段、产品组织方法的重大变化，以及市场消费观念和结构的升级，导致了行业发展的形式、要求和生产流程越来越复杂，形成了对产品中一线工作人员的新要求，如人员架构去层级化、生产技术方法高端化、工作方法研究化等。产业一线工作者，不仅要熟悉本职业中基础的工作技术，还需要对职业群中的其他职业及其生产内容都有认识，时刻了解产品与服务对象的市场要求与变化，全面掌握本行业信息技术和生产组织管理方法，根据实际工作情境养成团体合作、终身学习、协调反馈等一些关键的管理方法和服务社会的能力。

但传统的职业资格认证方法也显露出了一定的弊端：（1）结果性评估无法关注能力养成的整个过程，也无法记录学习者能力养成的所有动态结果；（2）现有的职业资格评估手段无法合理地评估个人职业能力水平，特别是对专业知识和专业技能水平的割裂评估，忽略了能力形成的综合性和情境性，且无法反映复杂岗位能力的基本特征。在行业对一线技术技能人员要求出现很大变动的情形下，人员的培训与考评机制就必然要求进行改革，"1+X"证书体系也将随之而来。

我国目前的技术技能人才培养缺口已接近 2000 万人，处理好这一问题，是中国未来职业教育领域的重要课题，也是中国职业教育领域蓬勃发展的重要机遇，需要借助"1+X"证书试点，推动人才供需的高效衔接，推动专业链与产业链的有机连接，指导高职院校科学合理进行专业配置，优化专业组织格局。

（一）"1+X"证书制度是就业结构优化的"高速路"

就业是最大的民生，也是经济发展最基本的支撑。伴随社会人口老龄化进度的加速，人口增长红利正逐步消失，转型升级已成为我国促进经济社会发展的重要战略抉择，其核心内容就是以技术升级为基础发展中高端产业。高科技人才，特别是在智能制造、现代服务等产业的高技能人才面临巨大缺口，结构性的就业问题更加凸显，在电子商务和物流管理等专业也存在此类问题。人才的"需求缺口"正是市场，更是出台政策措施的"风口"。"1+X"证书制度有利于培育经济社会所亟须的高素质人才，以高素质人才培养带动优质就业，以优质就业促进经济社会可持续发展。

（二）"1+X"证书制度需瞄准新兴产业

新产品将衍生出全新的产业链和产业人群，从而产生出许多新经济业态、新模式、新业务。新型领域将形成新的产品附加值，而且产生了对高技术技能人才新的要求。在新型职业教育领域，要紧密关注当前经济社会、技术、产业发展环境的重大创新变革，瞄准创新型产业发展对一线人才的专业知识和专业技能需求，积极调整培养目标和人才培养模式，尽快建立与创新型产业发展密切联系的专业与课程，进一步探索与创新型产业发展密切衔接的人才跟踪管理与服务制度，为国家战略性创新型产业培养真正用得上、用得好的复合型技术技能人才。

（三）"1+X"证书体系将助力于现代服务业发展

和我国传统现代服务业一样，现代服务业的经营模式、业务流程、技术手段以及管理理念等均出现重大变革，构成了"小小屏幕万物皆有"的新格局。现代服务业中的信息化特征越来越明显，需要从业者熟练掌握计算机技术，并能够运用现代信息技术平台办理服务，更快捷、有效地为顾客创造优质服务。同时培养现代服务业中密集型劳动者素质，也是现代职业教育为我国经济社会转型发展所做出的重大贡献之一。因此，"1+X"认证制度要紧密追踪现代服务业发展的态势，深入研究新职业岗位所要求的能力特点，并细化能力需求的不同组成部分，进而优化课程设计。

第五节 研究意义

一、"1+X"证书制度试点意义

《国家职业教育改革实施方案》明确了高等职业教育的类型特色，提出了在高职院校、应用型本科高校启动"学历证书+职业技能等级证书"（即"1+X"证书）制度试点工作。"1"作为学历证书，代表受教育者在职业教育的中职、高职、应用型本科等不同的学制体系下完成学习任务后获取的文凭或是多个层次的学历水平；"X"代表若干的职业技能等级证书，它不同于以往的职业资格证书。该证书是一种新型证书，被行业、企业、社会认可，由高等职业院校实施培训与评价，受上级教育行政管理部门监督，学生自主选择参与各类职业技能等级证书的培训与考核，考核通过取得证书即可以体现出学生具备的某个职业认可的技能等级，拥有若干岗位的核心技能水平，"+"代表了学历证书与职业技能等级证书是互为补充、互相衔接的关系，是两种证书的有机结合。

《国家职业教育改革实施方案》提出"从2019年开始在高职院校、应用型本科高校启动'1+X'证书制度试点工作"。如何将就业市场中出现的高职出身的人才数量上"供大于求"、结构上"供小于求"的现状及时扭转，基于"1+X"证书制度培养的复合型技术技能人才必将成为大势所趋。

第一，高职复合型技术技能人才培养模式创新离不开"1+X"证书制度的支撑。高职复合型技术技能人才培养是一个循序渐进的过程，具有系统性与规范性，需凸显社会责任。"1+X"职业技能等级证书以相关专业的职业标准为依据，内容包括标准应用范围、术语与定义、能力要求等级和职业能力要求。

其核心为职业能力要求，分为一般能力和三级职业能力，针对高职学生，需要按照一般能力标准和中级职业能力标准实施人才培养。一般能力标准包括职业道德与安全环保意识、相关行业认知以及基本管理技能应用三个模块。中级职业能力标准覆盖了相关行业各种类别企业不同环节的作业任务和岗位核心技能的多个模块，主要培养学生在相关行业的各个业务领域的必备技能，明确标准内容为试点院校指明了工作重点，为下一步"1"与"X"证书相融共生提供基础保障。

第二，"1+X"证书制度有助于提升相关专业学生的实践能力，更好适应岗位基本能力要求。当前，职业教育基本还在实施以获得学历证书或是学历证书与职业资格证书相结合的"双证书"制度，无法有效实现学习成果的积累和职业技能层次的递进，造成学生在学习生活中存在重视理论知识、轻视实践技能，重视学历证书、轻视职业技能的不良倾向。从职业资格证书来看，部分含金量不足，行业企业认可度不高，考核标准滞后于行业发展需求的问题比较突出，给学生、学校、企业带来了困扰。"1+X"证书制度根据职业技能等级证书的具体要求，结合企业实际岗位的核心技能调整教学内容、教学手段和考核方式，提高相关专业学生的实践操作技能和职业素养。

第三，"1+X"证书制度的实施有助于实现产教融合，推动校企合作双元育人。产教融合是"以就业为导向，以服务为宗旨"职业教育的核心主题。目前还存在国家政策和配套机制落实不到位、作用不明显、"教"和"产"发展不协调、产教双向对接渠道不顺畅、企业和社会力量参与意愿不足等问题。"1+X"证书制度在学校和企业之间架起了一座桥梁。一方面，通过专业课程内容与职业标准对接，将技能等级标准融入课程标准、教学内容、实践项目和教学过程中；另一方面，高职院校教师进入企业进行顶岗实践，提升实践教学能力。企业尖端技术人员参与学校实践课程的教学，提升高职院校学生的实践技能。根据相关专业特点和行业人才培养需要，主动与具备条件的企业在人才培养、技术创新、就业创业、社会服务等方面开展合作，构建产教融合的校企合作双元育人平台。

综上所述，"1+X"证书制度的实施无论是对个体、职业教育，还是对社会而言都具有十分重要的意义。在个体层面，"1+X"证书制度的实施有利于提升学习者的综合职业能力，促进学习者学习的积极性。"1+X"证书制度为学习者提供了技能培训、更新、再造及鉴定等方面的制度设计，增强了学习者的关键技能、岗位技能及实践能力[43]，同时还可以让学习者根据自身能力选择不同级别的职业技能等级证书进行学习，在一定程度上保障了学习者的自主选择权，激发了其学习的兴趣和积极性。在职业教育层面，"1+X"证书制度的实施有利于健全职业教育与培训体系，优化职业教育结构，加快职业教育高质量发展。其一，有利于深化"三教"改革，提升现代高职院校办学水平；其二，有利于打造职业教育生态链，形成多元主体办学格局；其三，有利于梳理职业教育的"中国经验"，打造职业教育的"中国名片"[44]。在社会层面，"1+X"证书制度的实施不仅有利于缓解结构性就业矛盾，也有利于构建学习型社会。一方面，"1+X"证书制度将人才培养和产业需求紧密结合起来，有利于缓解"有人无岗"和"有岗无人"的矛盾[45]；另一方面，"1+X"证书制度借助培训评价组织，将受众从在校学生扩充为全社会有需求的人员，打破了学历教育和非学历教育之间的壁垒，有利于实现建设终身学习型社会的目标[46]。

二、"1+X"证书制度有利于推进现代高等职业教育制度创新

职业资格证书制度作为评价我国市场劳动力资源水平的重要制度手段，主要作用在于稳定市场环境，提高劳动力质量和优化资源配置等方面。要创建稳定、健全的劳动力市场，保持市场有序运行，就必须加强职业资格证书的相关制度建设，保障职业资格证书的正常运作。追溯我国职业资格证书制度变革道路，不难发现，证书制度的变革总是追随经济发展与当时社会现状而产生。在改革开放前期，学徒制为主要的职业人员培养方法，没有政府颁发实行的正式证书制度，直到 1993 年政府研究通过《中共中央关于建立社会主义市场经济体制若干问题的决议》中，谈到要"实行学历文凭和职业资格两种证书制度"，此政策的颁布即为我国"双证书"制度的起点。1994 年，国务院发布的《关于〈中国教育改革和发展纲要〉的实施意见》中指出，我国需要加大力度，创新性地开发开展形式多样的职业培训活动或课程，严格按照先培训再就业的步骤进行，使所有劳动者和岗位人员都能在上岗前接受到所在岗位必备的基本职业能力训练，逐步在我国确立学历证书与职业资格证书同等重要的位置，也即是"双证书"制度所要求的，"双证书"制度经过实践的不断探索，推动了当时我国职业教育发展，提高了学生职业技能水平。"双证书"制度试图将职业资格证书的获证标准引入到学校职业教育教学体系中，但其依然存在证书的覆盖面过于狭窄、更新周期较长，出现证书对应岗位不够用、制度不好用以及跟不上现实发展近况，不能跟上社会发展趋势、科技更新步伐和市场需求变化，导致证书运行、管理机制存在风险和隐患，急需新的制度以推动高等职业教育发展。

高等职业教育经过多年的创新发展取得了一系列的成就，当前在进行理论研究的同时，探索实践并进行制度创新。可以说，"1+X"证书制度是我国步入新时代新阶段后，对现有职业教育制度的一种创新和补充，"双证书"制度作为先行制度，为"1+X"证书制度的出现提供了现实环境和基础。不同于"双证书"制度，"1+X"证书制度在内涵、概念、运行机制、管理模式等方面发生了彻底的变化。更重要的是，"1+X"证书制度更新了我国职业教育政策，为学校教育指明了方向。"1"与"X"虽处于不用的体系之中，但总的来说，"1"与"X"

所针对的对象是相同的，从教育内容方面来说是相互补充的，共同指向同一个教育目标，"1+X"证书制度中，"X"即"职业技能等级证书"，在概念、意义、颁证依据、等级认定等方面，不同于原有国家职业资格证书。"1+X"证书制度避开了"双证书"制度当时的社会弊端。在目前这个重要时期，我们更需要谋求制度上的改革和创新，以此来推动高等职业教育进一步发展。

三、"1+X"证书制度有利于推动高职院校人才培养模式创新

我国社会主义迈进了新的阶段，高等职业教育的"生态环境"也面临深刻的变化，思想和技术不断地发生碰撞，产业和技术正在经历着迭代、升级、融合，教育与劳动力市场之间的差距逐渐拉大。面对这些挑战，探索新的高等职业教育发展之路，创新职业教育办学模式势在必行。在新时代背景下，我国的高职院校办学必须进行改革，推动人才培养模式变革，基于产教融合、校企协同等理念，认真学习贯彻落实习近平新时代中国特色社会主义思想，使高等职业教育成为助力我国经济产业转型发展的重要力量。2019年，国务院颁布《国家职业教育改革实施方案》（以下简称《方案》），《方案》中指出高职院校应当根据自身各方面的优势、特点以及人才培养的标准和要求，积极、主动地与优质的行业、企业展开合作，共同设置人才培养目标，研发技术创新渠道，拉近校企合作关系，实现职业教育的内涵式发展，通过推进与政府、企业或第三方组织机构之间的合作等方式，不断革新人才培养模式，培养社会所需要的复合型技术技能人才。

四、"1+X"证书制度有利于增强高职院校社会服务能力

"1+X"证书制度不仅创新了我国职业教育制度，也对现有的人才培养模式进行了创新，"1"与"X"构成了一个整体，获取学历证书"1"是职业人才要达到的基本条件，而获得多种职业技能等级证书则是满足现阶段人才培养需求的特色化标准[47]。

高等职业教育的变革本身就依靠经济发展与社会进步，反之，职业教育是服务地方经济，促进区域就业创业水平提升的主要力量。因此，高等职业院校要与企业、政府积极展开合作，推进产学研结合、校企政融合发展。现阶段要将重心放到提高教育质量上，通过教育教学改革，重构专业结构设置布局，推进双师型教师队伍建设，完善相关保障体系，提高人才培养质量及院校办学水平。因此，要用好"1+X"证书制度，增强高职院校的办学活力和办学自主性，大力推进企业以及社会团体参与产学研结合办学、协同育人，突出现阶段职业人才培养的标准性和开放性，使高等职业教育的社会服务职能得到更好的发挥。

第二章 "1+X"证书制度与高职技术技能人才培养融合的内涵、逻辑与路径

第一节 "1+X"证书制度与技术技能人才培养融合的内涵

一、技术技能人才需求

技术技能人才是指在生产制造、商贸流通等领域岗位一线，熟练掌握专门知识、技术，具备精湛的操作技能，并在工作实践中能够解决关键技术和工艺的操作性难题，具有高级工、技师及高级技师相应职业技能水平，并持有相应职业资格证书的人员。技术技能人才普遍具有较强的适应力、创造力及动手力，是推动技术创新，实现科技成果转化的重要力量。

（一）我国技术技能人才培养现状

1. 人才规模不断扩大，但总量仍然不足

近年来，为实现经济发展方式转变，增强企业核心竞争力，我国大力推进技术技能人才队伍建设，技术技能人才规模呈现出逐年上升态势。截至 2021 年底，全国技术技能人才总量已超过 2 亿人，高技术技能人才超过 6000 万人，技能人才占就业人员总量的比例超过 26%。但从供求数据来看，技术技能人才仍然无法满足劳动力市场的巨大需求。

2. 人才结构有所优化，但供需结构仍然不平衡

随着高技能人才规模的日益壮大，相应资格认定人数的增多，我国高技能人才占技能劳动者总量的比例也在持续提升。在看到成绩的同时，也要认识到在发达国家，高技能人才占技能劳动者总量的平均比例达到了 35%，初级、中级、高级技能人才的比例大致在 15∶50∶35，其中，日本的高技能人才比例达到 40%，德国更是高达 50%。可见，经过几年的发展，我国高技能人才队伍结构有所优化，高技能人才占技能劳动者总量的比重有所上升，但与发达国家相比，高技能人才比重依然偏低，还不能满足我国产业转型升级、提高企业竞争力的现实需求。其中，先进制造业、现代服务业、战略新兴产业所需的高技能人才严重不足。

3. 培养体系日益健全，但培养质量仍有待提升

当前，我国高技能人才培养主要通过高职院校、中等职业学校（包括普通中等专业学校、技工学校、职业高中和成人中等专业学校）以及社会和行业企业力量兴办的各类培训机构等途径。但是，我国高技能人才培养质量仍有待提升，还不能很好适应产业发展对高素质人才的需要和人民群众接受优质教育的需求。相关统计数据显示，我国企业产品平均合格率只有70%，每年因不良产品造成的价值损失近2000亿元；科技成果转化率在15%左右；技术进步对经济增长的贡献率约为29%，与发达国家60%~80%的水平相去甚远。高技能人才是推动技术创新和科技成果转化的核心力量，产品合格率、科技转化率和技术进步贡献率等指标相对较低，与高技能人才短缺、培养质量不高以及劳动者技能水平整体偏低有着密不可分的关系。

（二）技术技能人才需求状况

在产业基础高级化、产业链现代化的攻坚战中，需要大量的可以与世界上最先进的产业工人相媲美的技术技能人才。随着我国发展质量效率提高、经济结构不断调整、产业转型升级，对技术技能人才的需求将日益旺盛，但从数量上看，相较于整个就业和经济发展需求看，我国技能人才总量仍然不足。从结构上看，"十三五"期间，我国新增技术技能人才超过1000万人，但高技术技能人才仅占技能人才总量的28%，这个数据与发达国家相比，仍然存在较大差距。

二、技术技能人才培养的途径

技术技能人才在中国的培养模式大致有企业培养、院校培养和校企合作培养三种方式。目前，院校培养和校企合作培养这两种培养模式已经逐渐成为更快更好的培养模式，两种培养模式都主要依托于高职院校，这主要是因为高等职业教育具有高等教育和职业教育双重属性，针对培养生产、建设、服务、管理第一线的高端技能型专门人才，培养出的技术技能人才具有基础化、系统化、规模化的特点。

经过这几年的改革和发展，我国现有的高职院校的专业大类、专业结构对应于我国的产业结构和经济结构，专业设置与人才培养密切结合，特别是培养目标明确了高素质技术技能人才的培养方向，促进了制造、建筑、能源化工、交通运输、物流管理、电子商务、电子信息、农林牧渔和服务业等行业技术技能人才需求与高职院校人才培养的结合，推动高职院校人才培养规模改革，有针对性地培养技术技能人才。高职毕业生成为国家经济建设和企业技术进步，生产、服务和管理一线重要的技术技能人才，高职院校也成为区域、行业乃至国家战略实施的技能型人才培养基地。

高职院校要担负起技术技能人才培养的重任，需要进一步建立和完善校企合作制度，通过产学研结合培养复合型的技术技能人才。学校要深入到企业一线，了解科技发展和企业进步，适应市场人才岗位需求，不断改革教学模式、更新教学内容；紧密结合企业技能需求，通过适当企业培训来把企业生产工程融入教学过程，使生产和教学紧密连接；在校企合作基础上，结合在岗位上的工作实绩，推动"双证书"制度，推进高职院校"1+X"证书制度试点工作。

三、"1+X" 证书制度内涵

自 2019 年国务院发布的《国家职业教育改革实施方案》开始，在高职院校启动"学历证书+若干职业技能等级证书"制度试点工作。鼓励高职院校学生在获得学历证书的同时，积极取得多类职业技能等级证书。把学历证书与职业技能等级证书结合起来，探索实施"1+X"证书制度，是"职教 20 条"的重要改革部署，也是重大创新。试点工作将按照高质量发展的要求，坚持以学生为中心，深化复合型技术技能人才培养培训模式和评价模式改革，提高人才培养质量，畅通技术技能人才成长通道，拓展就业创业本领。

所谓"1+X"证书制度，其中，"1"为学历证书，学历证书全面反映学校教育的人才培养质量；"X"为若干职业技能等级证书，职业技能等级证书是毕业生、社会成员职业技能水平的凭证，反映职业活动和个人职业生涯发展所需要的综合能力。

国内学者对"1+X"证书制度的内涵做了深入探讨。章帆指出"X"证书的效力体现在政府和企业两个层面，为鼓励高职院校学生积极参与"X"证书的学习，毕业时学生如果同时持有"X"证书，政府通过相关劳动人事制度安排，引导社会组织、企事业单位在招聘、就业等方面对这部分学生给予关注，或者"X"证书持证人可以得到一定的加分[48]；在企业中，主要通过人力资源相关待遇予以体现，例如在薪酬、职称等方面获得相应的认定。

张国民认为"1+X"证书制度作为一项体现新时代职业教育类型特征的制度创新，在职业教育实现"三个面向"的过程中，起着增强就业教育功能、强化实践教育特征、助推终身职教体系构建的作用[49]。张培、夏海鹰认为"1+X"证书制度即"学历证书+职业技能等级证书"，是我国职业教育面向新时代改革创新的一项重要制度设计[50]。

综上所述，"1+X"证书制度是一种类型教育，因而它的许多制度内容都应当具备类型教育的特征，无论是在具体的教育培养方式还是评价制度上，都应当朝着类型教育的角度完善和拓展。对于职业教育而言，它最大的特征在于能够与社会需求相互结合，同时应当注重校企合作和工学结合，以学生的就业为导向，不断完善复合型技术技能人才的培养模式。正因为它的特征，职业教育除了需要重视学生的学历教育以外，还应当结合市场的实际需求做出灵活的调整，而"1+X"证书制度便是对这一教学目标的合理诠释。基于这一制度下所培育出来的人才，不仅能够高度符合国内职业教育的相关要求，还符合了社会岗位对人才标准的真实需求。在这一制度的影响下，高职院校的培养方式和目标都应当进行适当的改善，重视校企合作与产教融合，使得学生能够在加强基础学识的同时不断提高职业技能，实现双元化的成长。

四、"1+X"证书制度与技术技能人才培养融合

(一)"1"为学历证书：注重学生专业的全面发展

"1"是学历证书，是指学习者在学制系统内实施学历教育的学校或者其他教育机构中完成了学制系统内一定教育阶段学习任务后获得的文凭。目前，各高校培养全面人才机制的基本思路包括：

(1)培养理念是基本前提。只有以现代的、科学的教育理念才能培养出适应"五位一体"总体布局、"四化"同步发展新要求的人才。要引导高校摒弃唯考试评价、唯分数论的观念，真正树立起以人才培养为中心、以适应社会需要为检验标准、以学生为本、以学生评价为先的理念。所有的政策设计都应把握这样的导向。

(2)深化教育教学改革是主要手段。人才培养机制是一项系统工程，从选拔录取到培养过程再到社会评价都需要改革，但对高校来说主要是培养过程的改革，而其中教育教学改革是核心。具体说，要在"四个推动"上下功夫。一是推动形成学科专业和人才培养目标动态调整机制，优化学科专业结构和人才培养类型层次结构；二是推动建立教学内容的更新机制，推进课程改革，提高教材质量，促进优质教育资源共享；三是推动教学方法和模式改革，创新教学管理制度，能够向不同的学生提供高质量多样化的教育服务；四是推动教学团队发展机制创新，加强专兼职教师队伍建设，促进理论与实践的结合。

(3)创新应用型、复合型、技能型人才培养机制是迫切要求。高校的人才培养类型是多样的，但随着我国经济转型升级不断推进，地方经济和行业发展对应用型、复合型、技能型人才的需求大量增加，创新多层次的"三型"人才培养机制的任务极为迫切。这就要求高校突破传统学术型、基础型的培养模式，改变"三重三轻"的现状，做到"四个更加注重"，即改变重理论轻实践、重知识轻能力、重专业轻人文的现状，在专业设置上更加注重以社会需求为导向，在课程设置上更加注重科学知识、思想品德、人文素养和实践能力的融合，在教学方法上更加注重发挥学生的主体作用，在社会合作上更加注重用人单位的参与，培养具有较强岗位适应能力的面向地方、面向行业企业的复合型技术技能人才。

（4）提升实践能力是重要突破口。人才培养机制，目的是推进素质教育，着力提升学生的社会责任感、创新精神和实践能力。其中，实践能力培养是目前非常薄弱的环节。要下大力气落实好七部门联合下发的《关于加强高校实践育人工作的若干意见》，进一步推动高校强化实践教学环节，增加实践教学比重，加强学生实习实践基地建设，加强生产劳动、志愿服务、公益活动等社会实践活动，探索建立完善学生实习实践的相关制度。

归纳起来，创新高校人才培养机制的基本思路就是：在科学的人才培养理念指引下，通过深化教育教学改革，激发高校人才培养的潜力和活力，特别是通过创新应用型、复合型、技能型人才的培养机制，着力突破实践能力这个薄弱环节。

（二）"X" 职业技能等级证书：注重学生专业专项技能拓展

职业技能等级标准与各个层次职业教育的专业教学标准相互对接。这种对接是由学历证书与职业技能等级证书的关系决定的。不同等级的职业技能标准应与不同教育阶段学历职业教育的培养目标和专业核心课程的学习目标相对应，保持培养目标和教学要求的一致性。

"X" 证书的培训内容与专业人才培养方案的课程内容相互融合。"X" 证书的职业技能培训不是要独立于专业教学之外再设计一套培养培训体系和课程体系，而是要将其培训内容有机融入学历教育专业人才培养方案。专业课程能涵盖 "X" 证书职业技能培训内容的，就不再单独另设 "X" 证书培训；专业课程未涵盖的培训内容，则通过职业技能培训模块加以补充、强化和拓展。

"X" 证书培训过程与学历教育专业教学过程统筹组织、同步实施。由于 "X" 证书培训内容与学历教育的专业课程有机融合，因此，"X" 证书培训和专业教学可以统筹安排教学内容、实践场所、组织形式、教学时间、师资队伍，从而实现 "X" 证书培训与专业教学过程的一体化。

"X" 证书的职业技能考核与学历教育专业课程考试统筹安排，同步考试与评价。职业技能等级标准与专业教学标准的对应、"X" 证书培训内容与学历教育专业课程的融合、培训过程与专业教学过程的统筹安排，为实现 "X" 证书职业技能考核与学历教育专业课程考试的统筹安排、同步考试评价奠定了基础。

学历证书与职业技能等级证书体现了学习成果相互转换。获得学历证书的学生在参加相应的职业技能等级证书考试时，可免试部分内容，获得职业技能等级证书的学生，可按规定兑换学历教育的学分，免修相应课程或模块。学历证书与职业技能等级证书的互通互换，为构建国家资历框架奠定了基础。由于在院校内实施职业技能等级证书，包括了在学制系统中的中等职业学校、专科层次的高职院校和本科院校实施的职业技能等级证书。因此，职业技能等级需要从教育层次、岗位层级、能力成熟度等多维度来划分。职业技能等级证书最终是要满足企业需求和个体就业需求，有利于用人单位对从业者工作任务完成质量的评价，也就有利于就业者个体的成长。

五、"1+X"证书制度作用

（一）"1+X"证书制度有助于提升职业教育人才培养的规格

"1+X"证书制度表面上看起来是一种毕业证书的制度改革，实质上却是人才培养模式的改革创新。"职教 20 条"中关于启动该制度试点工作的相关部分，第一句话就是"深化复合型技术技能人才培养培训模式的改革"，揭示了"1+X"证书制度作为人才培养模式改革措施的本质属性。首先，"1+X"证书制度与未来职业教育人才培养目标相一致。未来职业教育人才培养目标包括基本要求和特色要求两个方面的内容。"1+X"证书制度当中的学历证书与人才培养目标的基本要求相一致，职业技能等级证书与人才培养目标中的特色要求相一致。落实"1+X"证书制度的同时也是一次深入的人才培养模式的改革。其次，"1+X"证书制度打破了当前职业教育人才培养过程中学历证书与职业技能等级证书之间的壁垒，将二者置于同等重要的位置。高职院校的任课教师必须重新组合当前的课程，调整课程结构，增加与职业技能证书相关的教学内容，将证书贯穿在整个教学过程中。最后，"1+X"证书制度有助于提升职业教育人才培养的规格。"1+X"证书制度改变了传统的学习模式，学生具有更多的自主选择权。通过"通用基础内容+专业基础内容+可选择内容"的学习方式，能够调动学生的学习兴趣，提高学习质量，培养更多高素质复合型专业技术人才。

（二）"1+X"证书制度能够推动职业教育改革向纵深发展

"1+X"证书制度凸显了职业教育作为类型教育的特征，与普通教育有本质的区别。"1+X"证书制度虽然没有强制要求学生必须取得"X"证书才能毕业，但在一定程度上提高了高职院校学生毕业的门槛。为了贯彻落实"1+X"证书制度，职业教育与培训体系必须进行制度方面的革新。首先，"1+X"证书制度要求教育行政部门对证书管理制度进行革新。以往的"1"与"X"证书分属不同政府部门管理的局面已经很难适应"1+X"证书制度的快速发展，需要建立统一的评价标准体系，实现"1"与"X"证书的对应联系。其次，"1+X"证书制度的实施需要建立在学分互认的基础上，避免学生为了获取更多的"X"证书而进行重复学习。同时，需要完善试点院校的学分积累与转移制度，建立全国统一的学分银行，帮助学生进行学分的认定与转换，提高教育与培训的效率。将"1+X"证书制度与学分认定制度相结合，可以帮助高职院校建立更加灵活和多样化的人才培养机制。最后，"1+X" 证书制度有助于职业教育与培训体系的改革不断深入。当前职业教育供给侧存在较为严重的问题，缺乏持续改革的内生动力。实施 "1+X" 证书制度之后，高职院校能够及时将职业技能等级证书所要求的新思想、新技术、新工艺和新要求融入教育教学活动中，帮助学生高效地提升自身的职业技能和职业适应能力。

（三）"1+X" 证书制度能够促进校企合作长效机制的形成

深入推进职业教育与培训体系改革，离不开产教融合、校企合作。长期以来，校企合作流于形式，企业缺乏参与校企合作的动力，主要原因是企业在校企合作中处于弱势地位，缺少话语权。"1+X" 证书制度为校企合作的深化提供了契机，是校企合作的重要载体。"X" 证书的开发与评价标准的制定需要企业的大力支持，企业可以提供相关的可行性和必要性的论证推荐意见，还可以通过参与 "X" 证书的开发过程，充分表达自身的人才需求，在校企合作中发挥主导作用。企业通过参与人才培养的全过程，监督人才需求的落实情况，与高职院校共同负责学生管理工作，提升企业在校企合作中的话语权，帮助企业增加在校企合作中所获得的利益，有效提升企业参与合作办学的积极性和主动性。通过落实 "1+X" 证书制度能够明确学校和企业的责权关系，构建校企之间顺畅沟通的桥梁，经过长期的战略合作，校企之间可以形成合作办学的长效机制。

（四）"1+X" 证书制度有助于人才供给与需求的无缝衔接

"1+X" 证书制度的建立，能够通过证书的形式发挥职业导向作用。高职院校很多学生缺乏清晰的职业生涯规划，在学习过程中缺乏清晰的方向和动力，学历证书时刻提醒学生完成学业，提高自身的综合能力和素质；职业技能等级证书为学生指明未来就业的方向，督促学生提前做好职业生涯规划，并为之持续不断地努力。"1+X" 证书制度不仅具有职业导向的作用，还能充当人才供给侧与需求侧沟通的 "桥梁"。"X" 证书不仅面向高职院校的在校学生，也面向社会人士。根据相关行业企业的人才需求及时修订 "X" 证书的考核评价标准，可以用 "X" 证书标准引导高职院校的人才培养方向以及社会人士的职业发展方向，为行业企业提供更多符合需求的人力资源。依照国家经济的发展方向和现实需求，开发与之适应的职业技能等级证书，积极响应教育部办公厅等十四部门印发的《高职院校全面开展职业培训 促进就业创业行动计划》，开展相关的职业教育与培训服务，可以有效地解决职业教育与培训体系和社会经济发展需求联系不紧密的问题。

第二节 "1+X" 证书制度与技术技能人才培养融合逻辑

一、"1+X" 证书制度与技术技能人才培养融合的理论逻辑

融合是围绕某一个共同目标，把两种或者两种以上的不同表现或者要求聚合集汇成一个统一体，是一种 "和而不同" 式的融合。此处融合性研究是指将人才培养方案与 "1+X" 证书制度进行融合，将原本独立的运行体系融合起来，形成一个新的统一系统，目的是完成复合型技术技能人才培养的任务。

高职教育是以就业为导向的教育，目标是培养复合型技术技能人才。而 "1+X" 就是在学历教育的基础上，通过职业技能等级培训对学历教育进行补充，也就是通过 "X" 对 "1" 进行补充和扩展。学历证书和职业技能等级证书不是相互独立的，而是需要融合在一起，才能更好地培养复合型技术技能人才。这种衔接融通主要体现在：

（一）共同的培养目标

高职教育目标是培养具有职业综合能力、在各个领域第一线工作的高素质复合型技术技能人才，所培养的人才要适应区域经济发展需要，德智体美劳全面发展。高职教育作为类型教育的一种主要形式，要把培养优秀技术技能人才作为使命来担当。高职院校学生都在 20 岁左右，正是专业能力和操作能力提升的大好时期。高职院校除了按照专业教学标准进行人才培养外，还要适时地根据企业人才需求将技能等级引入人才培养中，让学生获取多个技能等级证书，实现 "好就业到就好业" 的转变，因此二者具有相同的人才培养目标。

（二）共同的企业需求

当今社会科技不断进步，新旧动能正处在转换之中，企业对技术技能人才需求也在发生着变化。企业对于人才的需求，不仅需要一定的学历，还需要相应的职业技能等级证书。传统的职业教育往往只注重学历教育，所培养的技能人才与行业、企业需要还有一定差距。而 "1+X" 证书制度就是将企业实际需求与在校学历教育有机融合，通过引入 "X" 证书将企业需求引入到职业教育之中，改变传统意义的职业教育对人才供给的影响，培养出复合型技术技能人才，进一步体现产教融合，高职人才培养方案与职业技能等级证书制度融合，能够为高职学生提供更多的就业保障。

（三）共同的职业需求

随着产业结构的变化，职业教育不仅只是完成教育的功能，还要实现职业教

育的功能，体现类型教育的特点，德技并修、服务就业，满足新行业、新工种的需求。职业能力的培养目的是更好地促进就业，解决企业需求，解决劳动者就业需求。"1+X"证书制度的实施就是实现学生专业素质和职业能力培养的有效途径。由此看来，高职院校进行的职业教育是职业生成教育，与职业培训都具有相同的职业需求，也就是说"1"和"X"都具有共同的职业需求。

（四）共同的职业教育理念

传统意义的人才培养方案是用来指导完成在校学生职业教育的人才培养任务，而"1+X"证书制度中的"X"体现职业技能等级培训，是培训评价组织作为主体来完成的，二者具有共同的职业教育培训理念。培训评价组织需要对"X"证书的质量负责，技能等级证书考核标准、培训资源、考核规则和证书颁发都是由培训评价组织负责的。作为职业教育主阵地的高职院校要与培训评价组织紧密沟通，按照技能等级考核标准，不断改进办学条件，加大技能等级证书培训力度，尽力满足行业企业对技能人才的要求，提高人才培养质量。

二、"1+X"证书制度与技术技能人才培养融合的价值逻辑

（一）"1+X"证书制度是彰显职业教育类型特色的一项重要举措

专业与岗位对接、知识与技能融合，是职业教育类型特色的重要体现，也是高职院校学生"术业有专攻"的比较优势所在。从系统论角度看，"1+X"证书制度的逻辑起点涉及三个维度，即复合型技术技能人才的市场需求、求学者可持续发展的个体诉求和学校培养培训作用发挥的功能要求。实施"1+X"证书制度，"书证衔接和融通是精髓所在"不仅可以倒逼高职院校办学模式与人才培养模式改革的进一步深化，更好实现毕业证书与职业技能等级证书之间的衔接与融通，而且可以加强校企良性互动与有效合作，将技能证书课程融入学历证书课程体系，在办学体制、人才培养模式等方面更好体现职业教育类型应有的本质特征。

（二）"1+X"证书制度是复合型技术技能人才培养的重要体现

随着人类社会的发展进步、经济结构的转型升级和工业化进程的速度加快，特别是以人工智能为代表的新一代信息技术革命的迅猛发展，一大批新技术、新业态、新职业、新岗位、新工种不断问世，技术技能新标准、职业岗位新要求也随之颁布，传统的"一技之长"人才培养要求已经不再符合"一人多岗、一岗多能"的现实需要。面对这些新情况，高职院校只有与时俱进，推出一批复合型新专业、新课程、新技能乃至人才培养新标准，注重专业技能与生活技能的融合培养，才能进一步提升学生面向未来的工作能力、生存能力，为学生高质量就业

奠定基础。

（三）"1+X" 证书制度是深化产教融合、校企合作的重要途径

作为有别于普通教育的职业教育，其类型教育的特征体现在知识与技能学习的即时性，即及时顺应社会发展变化，对接行业、产业对技术技能人才的需求，与用人单位实现零距离衔接。从协同论角度看，"1+X" 证书制度创新了以需求为导向的校企合作运作机制，使学校与企业的合作关系变得更加密切；体现了"产教融合、校企合作、工学结合、知行合一"独立存在、互相依存、融合发展的耦合关系，使人才需求"供给侧"培养的杠杆作用更加凸显，将有效促进职业教育合作办学体系建设，积极推动职业教育办学模式、人才培养模式变革，改进知识与技能学习方式及学习成果评价模式。

三、"1+X" 证书制度与技术技能人才培养融合的政策逻辑

2019 年 4 月 16 日，教育部、国家发展改革委、财政部、市场监管总局联合印发了《关于在院校实施"学历证书+若干职业技能等级证书"制度试点方案》（以下简称《试点方案》），部署启动"学历证书+若干职业技能等级证书"（简称"1+X"证书）制度试点工作。《试点方案》的发布标志着职业教育"1+X"证书制度正式拉开序幕。把学历证书与职业技能等级证书结合起来，探索实施"1+X"证书制度，是"职教 20 条"的重要改革部署，也是重大创新。要求重点围绕服务国家需要、市场需求、学生就业能力提升，从 10 个左右领域做起，启动"1+X"证书制度试点工作。落实"放管服"改革要求，以社会化机制招募职业教育培训评价组织，开发若干职业技能等级标准和证书。

《中华人民共和国职业分类大典》将我国职业归为 8 个大类 1838 个职业。与其相对应，全国高职院校设置专业近千个，专业点近十万个。从时间维度看，如此多专业与专业点，短时间内很难将"1+X"证书制度试点全部覆盖；从能力维度看，不是所有的高职院校都具有承接、完成试点任务的能力，办学能力不强、资源不足，是制约"1+X"证书试点的现实问题。因此，需要自上而下建立国家、地方、学校三级试点实施体系。从纵向来看，构建三级实施体系，可以调动和发挥地方、高职院校主动参与"1+X"证书制度试点的积极性。要鼓励那些未获得国家试点任务的高职院校，或者已经获批试点任务的高职院校选择国家尚未启动试点的专业，与业内、社会认可的行业或企业签订"1+X"证书试点协议，进行本土化试点，形成自下而上的梯次结构体系，最终为承接国家试点任务做好储备、奠定基础。各高职院校可结合多年来实施证书制度的经验，通过"1+X"证书试点，积极探索课证融通，将专业理论教学与技术技能实践结合，提升专业群内涵建设，为学生高水平就业创造更多的机会。从横向来看，技能等级证书是

若干类、若干个证书的组合。学生在获取"X"证书时，既可以获得与专业门类匹配的专业技术证书，也可以获得跨专业门类的专业技术证书。

构建"1+X"证书制度的三级实施体系，离不开国家职教政策支持。《试点方案》为"1+X"证书制度试点探索与实践指明了具体方向。

（1）培训评价组织作为职业技能等级证书及标准的建设主体，对标准质量、声誉负总责，主要职责包括标准开发、教材和学习资源开发、考核站点建设、考核颁证等，并协助试点院校实施证书培训。教育部将根据"放管服"改革要求，面向实施职业技能水平评价相关工作的社会评价组织，以社会化机制公开招募并择优遴选参与试点。

（2）院校是"1+X"证书制度试点的实施主体。试点院校要推进"1"和"X"的有机衔接，进一步发挥好学历证书作用，夯实学生可持续发展基础，积极发挥职业技能等级证书在促进院校人才培养、实施职业技能水平评价等方面的优势，将证书培训内容有机融入专业人才培养方案，优化课程设置和教学内容，对专业课程未涵盖的内容或需要强化的实训，组织开展专门培训。鼓励试点院校学历教育与职业培训并举，在面向本校学生开展培训的同时，积极为社会成员提供培训服务，考核站点一般设在符合条件的试点院校。

（3）教育部将结合实施"1+X"证书制度试点，探索建设职业教育国家"学分银行"，对学历证书和职业技能等级证书所体现的学习成果进行认证、积累与转换，促进书证融通，探索构建国家资历框架。

（4）《试点方案》强调，要建立职业技能等级证书和培训评价组织监督、管理与服务机制，建设培训评价组织遴选专家库和招募遴选管理办法，定期开展"双随机、一公开"的抽查和监督。培训评价组织的行为同时接受学校、社会、学生、家长等的监督评价。教育行政部门、院校要建立健全进入院校内的各类证书的质量保障体系，杜绝乱培训、滥发证，保障学生权益。

（5）《试点方案》明确，教育部负责做好"1+X"证书制度试点工作的整体规划、部署和宏观指导，对院校职业技能等级证书的实施工作负监督管理职责。产教融合实训基地和产教融合型企业要积极参与实施培训。中央财政将建立奖补机制，引导各地通过政府购买服务等方式支持开展职业技能等级证书培训和考核工作。

四、"1+X"证书制度与技术技能人才培养融合的课程逻辑

（一）坚持问题导向，确立课程体系建设的基本思路

高职院校必须充分认识到一流的课程体系是高水平职业教育的基本特征与重要基础，构建一流的课程体系是适应新时代、新经济、新形势，以更好地服务经济社会发展及国家战略、解决职业教育发展突出问题的现实需要。"1+X"证书

制度直面当前职业教育领域的若干现实问题，以其所内蕴的特征和导向，旨在促进新时代职业教育生态重构。首先，高职院校要以中国特色高水平高职院校建设为引领，借鉴国际先进职业教育办学模式和课程体系建设经验，打造具有国际视野、前沿内容的课程体系，着力提升自身办学能力和水平，切实提高课程体系的多元化"发展性"。其次，高职院校要以办学定位为宗旨，基于社会和市场对职业教育毕业生核心素养的要求，精准对接产业链、创新链，瞄准区域内战略性产业、重点行业，突出就业创业能力、分析解决问题能力、职业发展能力、社会适应能力等方面素质的培养，切实提高课程体系的多维度"服务性"。再次，高职院校要以自身为主体，积极开展课程体系重构，打破专业壁垒，使知识和实践接近于现实世界，将专业领域的学习落实到真实情景中，促进课程体系优化与学生发展、院校发展及社会发展良性互动，切实提高课程体系的多层次"统整性"。最后，高职院校要坚持"以人为本"的理念，突破现有僵化的课程体系，将其由刚性向柔性转变、由矩阵状向网络状转变，打造类型多样、要素完整、功能齐备、生动多彩的职业教育课程体系，设置更为弹性的学习方案和灵活的学习方式，切实提高课程体系的"丰富性"。

（二）坚持融合互通，调整课程体系建设的总体框架

从我国职业教育发展历程看，大致经历了面向职场实践、偏离职场实践和回归职场实践三个阶段。这种回归的本质就是要面向职场构建满足行业企业需求的课程体系，这与"1+X"证书制度"书证融通"的内涵要求是一致的，这亦为课程体系建设规定了主体方向和要求。首先，以职业要求、行业发展、经济社会发展为依据，打破"普教化"人才培养体系和"单一化"人才培养方式，构建与高职院校办学定位、人才培养目标相符合的多类型、多层次的人才培养体系，促进职业教育体系功能多样化。其次，以能力培养作为新职业教育课程体系的建构逻辑和组建方式，将人才培养目标逐层分解，注重通识教育模块与专业教育模块之间、理论课程与实践课程之间的相互衔接和融合；强化合作共建课程模块，按照技术技能等级要求对学历教育课程和职业技能等级证书课程进行融合互嵌，形成完整的专业课程体系。同时，将发展能力培养贯穿于整个课程体系，增加方法论课程，着力增强学生的团队协作能力、动态适应能力、解决复杂问题的能力、创新创业能力、职场胜任力等。

（三）坚持特色发展，夯实课程体系建设的核心内容

新职业教育课程体系设计要将"职业化"贯穿始终，"1+X"证书制度的落实要通过"1"与"X"的有机衔接来实现，它们的具体载体都是课程。为此，体系内所有课程的目标、内容、组织等都要围绕服务学生职业生涯发展、适应产

业发展来进行融通性、特色化设计。首先，要注重课程交融性和综合化。根据产业发展变化及课程目标的需要，对有关"1"与"X"的教学内容予以渗透、更新、融合，优化重组为新课程。其次，要注重课程的应用性和项目化。细致考虑院校内部、院校外部、社会环境等多方力量对课程建设的综合影响，充分理解行业企业对人才培养的具体要求，尤其是差异化、特色化要求，将课程建设置于行业企业真实生产情境之下，让学生"真刀真枪"地解决真实问题。为此，对实践性强的课程，可以按照新工科的思路，构建知识能力矩阵，以项目为基础、以解决实际问题为导向、以"领域－任务－能力"为主线开展课程设计。最后，要注重课程的发展性和动态化。课程要能够应对快速变化的发展环境并适应不同的学习情境，要注意课程间的横向衔接、纵向联通，可以使需求多元的学习者"在正式教育情境和非正式教育情境、普通教育和职业教育与培训之间自由切换"，这对于保障学习者顺利接受各类各级教育培训、实现终身学习、支持终身职业发展至关重要。

（四）坚持多元协同，凸显课程体系建设的价值功能

"1+X"证书制度是提高人才培养质量的重要举措，也对我国职业教育课程体系建设提出了明确的要求，要具有高起点、高标准、高品质，要能培养高质量的复合型技术技能人才，高质量服务经济社会发展。首先，要面向快速变化的产业结构和经济形态推进多元协同育人，深化产教融合、校企合作、工学结合，创新办学模式和人才培养模式，有针对性地加大与行业企业的合作，校企合作共同研制职业技能等级证书及其等级标准，共同打造既满足产业现实需要又符合未来发展预期的人才培养课程体系，全面促进学历证书和职业技能等级证书的有机融合。其次，要面向高质量发展和高品质学习构建新职业教育质量观，促进学生个性发展与全面发展相统一，调和合格性评价与等级性评价间的矛盾，推动职业教育评价走向发展性评价；要转变评价模式，增强评价主体的专业性，激活行业企业、第三方评价机构等参与评价的活力；要从过多关注高职院校办学规模向重视职业院校的贡献率和收益率转变，强调职业教育与经济社会发展的耦合性和嵌入性。最后，高职院校要切实转变发展思路，要主动推进人才培养供给侧结构性改革，围绕高水平办学、高品质合作、高质量就业寻求多元办学力量的支持，形成职业教育命运共同体，全面提升人才培养质量。

（五）坚持改革驱动，完善课程体系建设的支持保障

"1+X"证书制度的推行为课程体系建设提供了制度保障。首先，要抓住标准建设，优化相关制度设计。在"以质量为核心、以标准为抓手"的职业教育发展新阶段，建立健全科学合理具体化的职业教育标准体系，据此构建新职业教

育课程体系，并指导、规范、推动教学实践活动的发展，形成人才培养与社会需求间的良性循环。其次，要抓住"立交桥"建设完善资历框架制度体系。借助于"1+X"证书制度试点工作，将终身教育体系建设从规划层面推向落地实施，搭建统一的国家资历框架及学习成果认证体系，全面开通学分累积与转换系统，畅通各级各类人才成长发展通道。最后，要抓住治理体系和治理能力现代化建设，加快破除职业教育发展的行政性、政策性壁垒，形成多元主体共建共治共享的职业教育新治理格局。

第三节 "1+X"证书制度与技术技能人才培养融合路径

一、学校层面："1+X"证书制度的顶层设计

（一）顶层解读"1+X"证书制度

《国家职业教育改革实施方案》从体系、制度、政策、基地、质量、企业参与度等方面进行了顶层设计。国家为实施"1+X"证书制度出台了《职业学校校企合作促进办法》，对高职院校开展校企合作工作设定了标准。政府专门组建了国家职业教育指导咨询委员会。"1+X"证书制度预示着学历证书和技能等级证书融通，从而实现职普融通的目标。"1+X"证书制度的出台，充分体现了国家对职业教育高度重视，从而全面实现职业教育现代化和高质量发展。"1+X"证书制度要求高职院校实现多元化办学机制、多渠道招生，针对多样化生源开展教学工作。"1+X"证书制度顶层设计，将会促进职业教育去普教化、技能化，创新高职育训结合人才培养模式，将引发高职院校课堂教学革命。

高职院校应根据"1+X"证书实施工作进展和遇到的实际问题，适时开展相关主题内容的系统学习、师生培训、外出学习等工作，确保"1+X"证书实施工作质量、工作效率，取得预期成效。认真学习并深刻理解"职教20条"、教育部双高建设计划和"X"证书标准等文件的内涵要求。这些文件中的相关条款及其之间的内在逻辑关系要深刻理解，新理念、新要求的内涵要理解准确、透彻。组织学校相关领导、教师参加相关培训和研讨，以及到参与"X"证书及标准制定的高职院校进行交流学习，从不同角度，不同层面深刻、完整理解"职教20条"及其在"X"证书制度中的体现、内涵，以及实施的具体方法、措施等。

（二）"1+X"证书制度的宣传

高职院校应对在校学生、社会和企业进行广泛宣传，对相关学生和社会潜在学习者进行引导性培训，培训内容包括思想意识转变、"X"证书的内涵理解与

实施意义等，提高在校学生和潜在学习者的求知欲望和参加 "X" 证书学习、培训的积极性，为培养更多高素质创新型、复合型技术技能人才做出高职院校应有的贡献。

（三）"1+X" 配套制度的改革

以学分累积为主要特征的 "学分银行"，是以需求为导向的一种新型学分与学制形态，呈现了现代职业教育生态化发展的新趋势。这一制度的建立，从形式上看，有利于促进 "1+X" 证书制度的试点推进，影响着微辅修专业设置、学分制改革、微学分课程开发、多学期制度建立、学习模式创新、移动学校构建等诸多方面的改革；从内涵上看，体现了满足技术技能更新速度加快、学生碎片化学习特征、传统教学模式变革等所带来的诸多需求。突破了原有的专业模式与学习时段的限制，拓展了学生自主学习的时空与方式，促进了技术技能培训与专业学历教育的有机结合，同时，也为国家资历框架的构建积累了实践经验。

学分银行制度在实施过程中，需系统化进行顶层设计，包括：将专业知识与技能分解后组成新的学分累积结构，形成微专业、微课程、微课堂、微学分这一新的教学系统；基于专业知识与技能学习进度而配套实施技能等级证书学分课程，满足不同层级知识与技能进阶学习的需要；技能课程进入专业课程后，对一些课程学分和学制学分进行重组，突显新技术、新知识、新规则等内涵；将寒暑假设为学期，安排学业学习与技能培训课程，学生参加 "X" 证书技术技能培训或到企业实习实践后获得的累积学分，存入自己的 "学分银行"。另外，院校之间的学分互认，不同时期学习内容与技能水平的质量认证，也需要以共享的思维进行制度设计。

"1+X" 证书体系下的学分银行与学分制之间应该建立起通畅的衔接与协同关系。学分银行的特点是累积制、终身化，着眼于面向未来的终身教育，拓展了学习时空，而现有的学分制则受在规定时段内完成学业的传统人才培养模式以及 "毕业证书" 职业准入门槛的限制。两者之间的不对应、不衔接所产生的不平衡性，不利于学分银行制度的推进。此外，现有学分制所设计的基于整门课程修完后而获得的学分与绩点，也不利于项目教学、工学交替、"1+X" 证书技能培训等新型教学模式的实施，不利于学生个性化学习的需求，更不利于新知识、新技能在教学实施中及时补充与更新，亟须将学分 "化整为零"，创新 "微学分" 制度设计。

（四）"1+X" 证书教师改革

"1+X" 证书制度的实施主体是高职院校，实施主力则是从事专业教学的一线教师，他们是职业类型教育有效推进的关键。"1+X" 证书制度的实施，对高职院校教师无论是"1"的素养、还是"X"能力都提出了新的标准和要求。要进一步提升教师的专业化水准,改变在传统教育模式培养中所形成的素质与能力结构,进一步增强职业与职场意识,提高解决实际问题与开展应用研发的能力。加强"类型教师"队伍的建设,通过教师到企业开展"X"定制研修、聘用企业兼职教师、整合高职院校内部教师资源等多种途径,解决实施"1+X"证书制度师资不足、能力不强的问题。

要对高职院校教师的岗位任职标准与时俱进地进行更新。现有教师资格证书的学习内容、考核标准主要是对教师的一般性要求,缺少对职业类型教育教师的特殊要求。因此,"1+X"证书制度试点专业启动后,应配套制订专业教师岗位标准,将教师"X"技术技能水平列入聘期考核要求,实施复合型教师培养培训计划,激励教师真刀真枪地在生产、工作一线实训中,在专业技术技能内涵体悟中,在专业知识与技术技能课程整合与开发中,真正理解"1+X"证书制度的内涵,从根本上解决教师缺乏企业工作经历、"X"技术技能水准不高等问题。

二、院系层面:"1+X"证书制度试点布局

(一)选择有关职业技能等级证书,确定参与试点的专业

着力在培养方案与教学计划修订、人员选拔、定制考培方案方面下功夫,健全与完善培训与选拔工作机制,提升"1+X"证书培训成效。

(二)统筹专业(群)资源,深入研究职业技能等级标准与有关专业教学标准

推进"1"和"X"的有机衔接,将证书培训内容及要求有机融入专业人才培养方案,优化课程设置和教学内容,加强专业教学团队建设,选派教师参加有关培训。进一步健全师资培育机制,通过岗位练兵、积极送培,技能竞赛,开展社会实践活动等措施,为教师搭建成才的平台。

(三)积极开展培训,提升学生实践操作能力

根据在校学生取证需要,对专业课程未涵盖的内容或者需要特别强化的实训内容,在社会培训评价组织支持下,组织开展专业能力培训或实践操作培训,同时可面向社会成员开展证书培训。

(四)争取申报考核站点,开展证书鉴定考核

符合条件的院系按程序申请设立为考核站点,配合培训评价组织实施证书考核。建立健全多元化培养模式,为社会全力打造复合型技术技能人才,提升服务地方经济发展能力。

三、专业层面："1+X" 证书制度实施设计

（一）优化人才培养方案

专业（群）负责人要根据职业技能等级标准和教育部专业教学标准要求，结合区域行业企业实际需求，将证书培训内容适度融入专业人才培养方案和课程体系中，优化课程设置和教学内容，统筹教学组织与教学实施，深化教学方式方法改革，组织编写新型活页式、工作手册式校本教材，提高教材的适用性和专业人才培养的灵活性、针对性和有效性。可以通过培训、评价使学生获得职业技能等级证书，也可探索将相关专业课程考试与职业技能等级考核统筹安排，同步考试（评价）。相同或置换课程以职业技能等级考试为准，其考试成绩同时作为学历证书中的课程成绩，以减轻学生的学习负担。

（二）优化人才培养过程

专业（群）负责人应系统分析国家资历框架中相应学习成果等级标准的内涵要求，依据其规定的知识、技能、能力要求，优化和完善专业课程体系、课程内容、考核评价方法等，确保学生毕业时获得的专业学习成果满足国家资历框架标准要求，确保多数学生毕业时获得对应等级或高一级的 "X" 证书，切实提高专业人才培养水平和含金量。同时，将学生获得的学分在国家学分银行中进行注册存储，为学生在毕业后的职业发展、终身学习等进行技术技能积累、转换，满足学生职业发展需求。

（三）提升教师 "1+X" 证书培训能力

专业推进 "1+X" 证书制度试点，需要复合型专业教师拥有多种能力，包括：具备驾驭 "1+X" 证书的专业教学能力，不仅能够考取 "X" 证书，而且还具有能够运用技术标准、规则指导学生做出产品、方案的策划能力、实操能力；将 "X" 中的技术知识和技术标准、实操规范整合到 "1" 中重组课程的能力，开发和制订新课程标准或专业人才培养新方案的能力；具有较多的企业人脉资源和较强的沟通能力，与企业合作开发课程资源的意识与资源整合的能力。与此同时，要积极打造多元组合双师团队和多师素质结构团队，加强混编双师素质结构教学团队建设，推进校企教师优化组合。

四、教师层面："1+X" 证书制度的课程教学改革

按照专业标准开发技术路线，由职业能力到课程设置、再到课程内容，旨在将真实的工作现场转换成教学现场（虚拟的工作现场）。真实岗位工作内容不能生搬到教室，而要通过对真实岗位工作任务进行分析，将需要掌握的职业能力转

化为具备教学性的目标能力，并且还应根据职业能力要求，对所需的知识、能力与素养进行整合，使其成为符合职业教育和学生学习规律的课程内容。为此，教师应编写更为实用的，承载与教学目标相一致的教学内容教材，并依据课程内容，重视整合教材以外的多样化教学资源。

由于"X"课程内容来源于企业真实工作内容，因此，一般情况下这些内容不能直接作为教学内容而进行教学，需要进行教学化处理，也就是将真实工作现场转换为教学现场，通过分析真实现场所需要的职业能力来确定教学内容。专业专职教师与企业带徒师傅一起进行岗位工作内容分析，通过对真实岗位工作任务进行分析，根据职业能力要求，对所需的知识、能力与素养进行整合，使其成为符合职业教育和学生学习规律的课程内容。根据岗位需要明确岗位技能，将岗位需要与普适性知识相融合，根据每一个岗位技能内容，开发以工作过程知识为主体的符合教育教学规律的实践教学内容。校内实践教学模块内容与企业需求实践紧密衔接，同时将行业规范、职业道德等内容引入到实践教学模块内容中，强化职业素养培养。

以物流管理专业为例，专业为了达成教学目标，结合学生的学情和认知规律，打造以职业能力培养为目标，以"教、学、做"一体化教学管理平台为基础，以虚拟仿真运营软件为教学载体，以项目化工作任务为教学内容，以混合教学模式为教学方法，以形成性与终结性评价为支撑的职业能力培养体系。教学环节的情境实施采用基于项目化的真实工作任务进行系统化设计，"教、学、做"一体化将理论课与实践性教学环节重新分解、整合，安排在一起，打破理论、实验和实训课的界限，以精心设计的教学任务为载体，以学生学习为主体，以培养学生的能力为根本，通过学生内在动力参与"做"来培养、锻炼学生的能力。

第三章 "1+X"证书制度与技术技能人才培养融合探索

第一节 人才培养模式融合

一、人才培养规格定位

当前，随着区域产业的快速发展，企业对技术技能人才的需求也在不断增加，对人才培养提出了更高的要求，高职院校技术技能人才培养工作也面临着新的发展机遇。

在"1+X"证书制度背景下，专业人才培养定位要结合行业和市场需求，对就业岗位需求及学生能力、知识、素质等方面的要求进行分析，从而确定专业人才培养目标和培养规格。以现代物流管理专业为例，针对当前物流行业的发展和市场需求，基于高职教育自身的特点，物流管理专业的就业领域包括：交通运输（民航、铁路、地铁、公路、水运等）、现代商贸（连锁、超市、配送、特许经营等）、快递、国际贸易、港口、机场、物流园区、大型制造企业、商检、海关、国际货代、采购、运输、仓储、商品经营与流通管理等各个领域和部门。

面向未来就业市场的高职毕业生，应是德、智、体、美、劳全面发展，具有一定的文化水平、职业道德和人文素养的复合型技术技能人才。以现代物流管理专业为例，专业学生的培养应让其系统掌握管理学、经济学和企业管理的基本理论和基本知识，熟悉现代物流管理方法和工具，了解物流企业管理和国际物流产业发展动态的前沿理论，掌握现代物流管理理论和实践技能，具备智慧物流、智能仓储、运输配送、采购供应、信息处理、货代操作等物流职业能力，具备分析和解决物流企业和企业物流管理问题的基本能力。高职院校学生毕业时应具备的特定素质、知识和能力的培养规格见表3-1。

表3-1 物流管理专业人才培养规格

技能分类	具 体 要 求
知识	（1）了解与本专业相关的法律法规； （2）掌握应用写作、计算机应用、应用数学等基础知识； （3）掌握经济学、管理学、市场营销学等专业基础知识； （4）掌握物流管理的基本知识与方法；

续表 3-1

技能分类	具 体 要 求
知识	（5）掌握仓储与配送、国际物流等基本理论与管理方法； （6）掌握采购管理、物流营销、供应链管理、货代揽货、业务操作等基本知识与方法； （7）了解现代国内外物流发展新知识、新技术、新趋势； （8）掌握物流新技术、新业态、新模式等和互联网思维下的物流与供应链管理知识
能力	（1）能够熟练使用物流管理类各种工具软件； （2）能进行物流相关基层岗位的基本作业； （3）能够开展各项国内外物流基层作业的运营管理、资源协调、信息管理和质量管理； （4）能够进行物流采购、服务营销、供应链管理等活动； （5）能够组织实施信息搜集、数据分析与应用、团队建设与管理； （6）能熟练应用办公软件，进行文档排版、简单的数据分析与方案演示等； （7）能运用语言交流技巧且通俗易懂地开展专业工作； （8）能应用计算机、互联网等信息技术； （9）具有探究学习和终身学习以及创新创业的能力
素质	（1）思想政治素质：坚定拥护中国共产党领导，热爱祖国，理解习近平新时代中国特色社会主义思想的深刻内涵和实践要求，树立社会主义法制观念和正确的权利义务观念，遵纪守法，具有正确的世界观、人生观、价值观； （2）文化素质：具备一定的文学、艺术、历史等常识，具有终身学习的意识和社会责任感； （3）职业素质：具备良好的职业道德，具有较扎实的专业岗位知识和专业技能，掌握行业的发展方向，能够吃苦耐劳、恪尽职守，有一定的创新创业意识； （4）身心素质：具有健康的体魄、积极的心态、良好的心理和健全的人格

  "1+X"证书制度的提出，全面推进了高职教育物流专业改革发展和专业人才培养改革，也将为职业教育改革发展开创新局面，助力行业转型升级[51-52]。随着"1+X"制度试点的深入，与现代物流管理专业直接相关的职业技能等级证书逐步增多，目前已突破 10 个，专业度更加细化，具体见表 3-2。

表 3-2 物流管理专业职业技能等级证书

培训评价组织	职业技能等级证书	等级分类
北京中物联物流采购培训中心	物流管理职业技能等级证书	初级、中级、高级
北京翔宇教育咨询有限公司	民航货物运输职业技能等级证书	初级、中级、高级
国邮创展（北京）人力资源服务有限公司	快递运营管理职业技能等级证书	初级、中级、高级
北京中农服农业科技股份有限公司	农产品供应链与品牌管理职业技能等级证书	初级、中级、高级
中国理货协会	港口理货职业技能等级证书	初级、中级、高级
北京京东乾石科技有限公司	智能仓储装备应用及维护职业技能等级证书	初级、中级、高级

培训评价组织	职业技能等级证书	等级分类
北京京东乾石科技有限公司	物流无人机操作与运维职业技能等级证书	初级、中级、高级
中企云链（北京）金融信息服务有限公司	供应链智能融资技术应用职业技能等级证书	初级、中级、高级
物产中大集团股份有限公司	供应链数据分析职业技能等级证书	初级、中级、高级
北京中物联物流采购培训中心	供应链运营职业技能等级证书	初级、中级、高级
中科智库物联网技术研究院江苏有限公司	智慧物流装备应用职业技能等级证书	初级、中级、高级
北京起重运输机械设计研究院有限公司	智能物流仓储运维职业技能等级证书	初级、中级、高级

高职院校要定位于支撑地方经济发展、服务区域产业发展，不同院校所处的区域经济发展、产业基础不同，决定了在明确现代物流管理专业人才培养定位和目标时，要与当地特色紧密结合起来。因此，不少高职院校的物流管理专业考虑到"考取若干职业技能等级证书"的政策导向，在面临多个"X"证书可供选择时，通常会考虑区域人才需求的特点和发展趋势，或者该区域目前就业的热门需求方向，选择 1 个主证和若干个备选或扩充性证书进行选择。如某院校物流管理专业的定位是培养面向生产物流领域的技术技能人才，那么该院校将优先考虑物流管理、供应链运营等与新职业标准全面对接的证书，在辅助证书的选择上可考虑供应链数据分析等证书；而智能物流应用人才培养的专业定位则是在辅助证书的选择上考虑智能物流设备的应用和运维等与智能仓储大数据分析相关的证书[51-52]。

基于物流行业人才成长阶梯的观点，在"1+X"证书制度下，物流管理专业高职院校学生毕业时，物流职业技能等级认证中级水平应在毕业时达到。与之对应的是物流主管、生产主管、采购主管、供应链管理运营等岗位群，并且随着学历的提升和工作经验的积累，成长通道较为清晰，与之对应的"X"证书等级，也随之水涨船高。

二、人才培养方案重构

在"1+X"证书制度背景下，高职院校物流管理专业人才培养方案的改革主要围绕培养目标、主体与流程以及课程体系建设等方面展开[53-54]。物流管理专业人才培养方案的重建应符合以下原则。

新时期对科学制定和合理实施高职院校物流管理专业人才培养方案，稳步提升人才培养质量提出了更高要求。制定和实施好人才培养方案，首先必须坚持四个原则，一是育人为本，促进全面发展。坚持立德树人，使学生具有良好的物流行业职业道德，过硬的物流职业技能，规范的物流职业行为和务实的物流人职业作风。二是坚持标准引领，保证科学规范。人才培养要与人社部制定的物流职业岗位分布现状和技能需求相适应，紧贴国家职业技能标准和物流相关行业技术水平未来发展要求，促进物流从业人员素质提升、物流产业升级和行业发展。三是坚持按规律办事，体现物流管理的培训特色。处理好公共基础课与物流专业课、理论教学与实践教学、学历证书与"1+X"物流管理中级等级证书、物流服务师、供应链管理师等证书的关系，统筹设计教学活动。四是坚持完善机制，促进持续改进。紧跟物流行业发展趋势和物流行业人才需求，建立健全物流行业企业、"1+X"证书培训评价组织、物流协会、开设物流相关专业的兄弟院校等多方参与的专业人才培养方案动态调整机制，强化教师参与教学和课程改革的效果评价和激励，做好人才培养质量评价和反馈工作。

综上所述，重构人才培养方案应符合地区经济发展需求。坚持遵循规律，体现区域产业特色，把培育人才与促进区域经济社会发展、服务国家战略结合起来。根据当地经济发展需要，结合职业技能等级标准和专业教学标准，制定出既适合区域经济发展需求，又具有针对性和概括性的人才培养标准[55]。

人才培养方案的重构要围绕"岗课赛证"展开。2021年全国职业教育大会明确指出，推动"岗课赛证融通"综合育人，提高教育质量。要求高职院校探索"岗课赛证"相互融合，把握"1+X"证书体系标准，充分利用行业龙头企业在专业人才培养评价方面的成熟标准，结合自身实际，对相应课程、专业进行充实、改造和提升。根据"X"证书的学习培训要求增减物流管理专业课程标准的部分内容，对部分需要补习的课程安排1~2个模块单独进行授课培训。以课程改革为核心，以工作典型项目为载体，以行业认证、技能竞赛的能力素养要求为目标，对教学内容进行整合[56]。

重构人才培养方案，要实现"以课思政"的育人大格局。教育部印发的《高等学校课程思政建设指导纲要》提出，积极构建"思政课程+课程思政"大格局，推动全员"三全育人"全过程，实现思想政治教育与物流技能培养的有机统一，着力培养担当民族复兴大任的时代新人，培养德智体美劳全面发展的物流管理专业社会主义建设者和接班人[57-58]。

根据物流管理专业的特点和优势，深入挖掘和提炼物流管理专业知识体系中蕴含的思想价值和精神内涵，将"课程思政"育人目标和教学目标全面融入专业人才培养规范和课程教学目标之中。科学合理地拓展物流专业课程的广度、深度和温度，形成课程的政治元素表，增加课程的知识性、人文性，从物流专业、物流行业、国家、国际、文化、历史等多个角度提升课程的引领性、时代性和开放性。

三、人才培养模式创新

(一) 优化"1+X"证书制度与人才培养模式融合

1. 制定符合"1+X"证书制度的人才培养方案

物流管理专业人才培养方案要切实将"1+X"证书职业技能等级标准完善融入其中，要以培养满足现代社会需求和职业教育人才培养目标，培养符合高职院校物流管理专业发展趋势的复合型技术技能人才。在人才培养方案制定之初，应采取问卷调查、企业访谈或者大数据抓取企业实际招聘信息等方式，尽量多地获得企业对现代物流管理人才的专业技能需求，以企业需求为导向，通过学校与龙头物流企业（如京东、菜鸟等）的对接，共同确定人才培养目标，最终制定物流管理专业人才培养方案。

2. 岗课赛证融通，重构课程体系

做好"1+X"证书制度试点，首先抓好专业教学规范与职业技能等级标准的对接。两者之间的关键在于课程体系和认证体系的融通，将职业技能等级标准要求的职业能力、考核内容和评价方式融入人才培养方案中，实现课程教学模块和证书考核模块的对接，从企业真实的岗位需求出发，根据不同的岗位需求，确定相应的"X"证书内容模块，从而对课程体系进行重构。

《物流管理"1+X"职业技能等级证书》包含仓储控制、库存管理、物流成本与运输管理等方面的内容，其中主要涉及仓储与配送管理、运输管理、物流成本管理等课程。在进行课程体系重构时，要考虑到学生在现有学习内容的基础上，很难再有时间学习这些"1+X"相关内容，在进行相应的课程体系建设时，要将"1+X"的内容融入课程体系中，避免学生重复学习，同时也能提高学生的学习效率和效果。

3. 实现学分互换，建立学分银行

"1+X"证书制度在推进过程中主要面临证书含金量受质疑、教学资源要素支撑不足、与学分银行关联标准缺失等现实困境。"1+X"证书制度认可度的提升，还应该持续深化基于学分银行的"X"证书标准建设，拓宽发展空间。学生通过获得职业技能等级证书，可以实现学分积累，既调动了学生参加"1+X"证书培训和考试的积极性，也有利于学校通过学籍管理系统查询和管理学生"1+X"证书的通过情况。

(二) 采用产教融合模式

为了响应国家"1+X"证书制度试点工作，满足企业用人需求，物流管理专业教育要以企业岗位需求为导向，积极与一批物流龙头企业、标杆企业建立深入的校企合作关系。

首先，可以每年派学生到企业实习，把学到的知识应用到实践中去。在资金允许的情况下，可以商议与行业领先的物流企业共同建设专业实训室，改善专业实训条件，按照职业技能等级标准的实习条件，购置一批符合实践教学需要的数字化、智能化物流软硬件设备。通过与企业签订开办订单班、现代学徒制班、建立产教融合基地、校企联合办学等协议，对企业需求人才进行定向培养。既解决了学生的就业问题，又满足了企业对人才的招聘需求，从而达到双赢的目的。

其次，可通过外聘企业物流管理人才前来阶段性授课，既带给学生前沿的物流资讯，又能让学生提前了解企业人才需求标准，通过自我的不断完善来满足企业的用人需求。

最后，要打通职业教育和社会培训的通道，将区域行业企业认可的证书作为培训的抓手，盘活高职院校实践教学资源，定制培训方案，把握理论与实践的比例关系，积极为行业企业和社会人员提供培训服务。

（三）开展线上线下"互联网+"教学

互联网技术的发展给教育行业带来新的教学方式，"互联网+"背景下O2O模式的应用将传统的课堂教学与现代网络技术深度融合。线上线下结合的人才培养模式的推广与应用，有助于推动"课内教学、课外研学、网络助学、实践用学"四位一体的新型教学模式的形成和发展。

首先，"互联网+"给师生提供一个更加便捷的沟通渠道，提高师生线上线下多场景互动交流能力，可采取更多的新型教学方法以调动学生学习的自主性，比如利用APP、小程序和网络平台等数字技术，进行师生互动，完成课后作业、随堂考试。

其次，应用多媒体结合互联网的教学方式，让学生能够获取更加丰富的教学资源，扩展知识面、强化能力和提高素质，让学生主动融入课堂，不再机械地接受填鸭式教学，不仅有助于提高学生学习的主动性，而且有助于提高课堂教学效率和教学质量。

最后，在一些特殊的情况下，"互联网+"教学的应用——线上教学方式也可以为正常教学提供保障，弥补由于疫情等原因造成的线下无法完成教学的情况。

第二节　课程体系融合

一、课程体系重构

《国家职业教育改革实施方案》（以下简称《方案》）中确定了普通教育和职

业教育均为不同类型的高等教育，不但给出了对高等职业教育的一种具体定位，而且给出了更具体的变革发展方向和转变要求。《方案》明确了高等职业教育要解决"为学不足以致用"的难题，让中高职教育真正与社会主义经济发展格局相配套、与经济社会生活相配套，既要摆脱中高职教育的普教化，又要克服中高职教育单纯的技术化，从而更"专职"。目前，理当承载起技术技能培养和大量劳务供应的新型职业教学系统，却并未显示出相应的经济社会价值，高职院校的专业架构和课程体系实施无法迅速适应外部环境变革的需要。想要改善这些情况，以实现新型高等职业教育的发展目的和价值，就必须从推进中高职教育课程体系构建开始[59-60]。

针对"1+X"认证的实现，专业课程在原来的基础上加入"X"认证的具体内容，学生可以选择两种方法，一是将认证具体内容以模块化形式划分到专业课程中，学生通过掌握这些课程的具体模块，完成相关内容后，即可考取相关认证；二是在基本训练课程中根据需求，在达到总学时要求的情况下增设专门训练与提高类的课时。这两种教学方式能够有机地相互结合，从而使"X"认证教学内容落地。针对专业设置和教学内容等做出调节，既保证"1"相关学历文凭证书的获得，又确保能够获得对应的"X"职业技能等级证书。"X"考证的课程融合是将"X"教学内容以模块化形态分配在相关的专业课中，专业班级中如缺乏此教学内容，直接添加该教学内容成为新模块；如拥有此教学内容，则合并为课程模块。另外，专业技术人员能力等级证书从初级、中级、高级以及多种资格证书角度出发，把全部内容都整合在课程体系中，为各个阶段的人员根据能力取得各个层次、专业的资格证书提供教学保障；能够根据教学功能的选择，综合考取相关资格证书，同时为进行社会培训提供教学资源[61]。

（一）"1+X"证书制度下技术技能人才培养课程体系的建构逻辑

针对新时期，将面临变动的社会经济发展、变动的市场需求、变动的学生需求等，政府应推进职业教育课程体系建设。作为当前中国职业教育改革发展核心任务的"1+X"证书体系，为中国职业教育课程体系构建带来了现实契机、政策基础与价值逻辑[62]。

（二）构建新课程体系应遵循新价值主张

面向"1+X"证书制度的职业素质教育课程体系，根据它所具备的综合性、融会贯通性、协调性、开放型、终身性等逻辑特点，应当从以下六个方面体现其特色价值：（1）基本价值要适应复合型技术技能人才培养目标的要求，并协调有序发展；（2）社会价值要能够缓解人力资源供求侧和需求侧之间的结构性冲突，并形成产教融合发展布局；（3）课程价值要反映专业领域，特别是跨专业领域的整体传承、扬弃与发展情况；（4）特色价值要能体现高职院校人才培养目标和办学治校的育人宗旨、优势、背景等独有特点；（5）发展价值要反映学校学生以能力为基础，以岗位为核心的主体发展、全方位发展和终生职业发展；（6）引领性价值，要能满足经济社会未来发展变革的要求，使学生提高职业本领与职业选择机会[63]。

（三）构建基于"1+X"证书的职业教育课程体系总体框架

首先，以职业发展特征、产业需求、经济特征为基础，进一步突破了"普教化"人才结构和"单向化"教育教学模式，形成与中高职教育办学定位、目标相匹配的多类型的教育结构，进一步推动了职业教育人才体系结构的多样化[64]。其次，将创新能力训练作为新职业素质教育课程体系的基本结构逻辑，通过面对新职业发展趋势，从全方位认识生产的实践流程，把握企业全生命周期、全过程的生产逻辑，明确培训的人员应具有的专业知识、素养与创新能力，通过强化现代网络技术的应用思维与跨界融合创新能力训练，进一步优化现有的课程体系[65]。最后，以模块化的新型职业教学课程体系的组织方法，将培训目标层层分解，强调通识教学模块和专业技能教学模块之间、理论知识教学和实际课程之间的相互衔接与融通；强化合作共建的教学模块，根据职业技能等级需要对大学学历教育课程教学与职业技能等级证书教学进行融合与互嵌，逐步建立完善的专业课程体系。

（四）坚持地方特色发展，夯实课程体系构建的基础核心内容

新职业素质培养系统内每个课程的总体工作目标、内容、开展方法等均要根据学生或从业者的职业生涯规划和产业发展趋势，来实现融通性、特点化的设计要求[66]。首先，要强调教学交融性与综合化。针对高等职业教育产业未来发展演变与新课程目标的需求，对有关"1"与"X"的教学进行渗透、更新、融合、优化与重组新课程。其次，要注意教学的实用性和项目化。要仔细考察学校内部、院校外部、社会环境等多方面力量对课程构建的综合影响，从而全面了解行业企业对人才的具体需求特别是差异化、特色化需求，把课程的构建重点放在行业企业实际生产情景下，让学习者"真刀真枪"地处理企业实际问题。因此，对于实用性较强的课程，可根据新工科的发展思路，建立知识能力矩阵，即以项目为基础、以解决现实问题为引导、以"学科领域—教学任务—实践能力"为主线进行课程的综合设计[67]。最后，要注意课程的开放性与动态化。相关课程要有助于适应社会迅速变革的发展环境和满足不同的教学情景，要重视各专业课程相互之间的横向连接、纵向联通，才能让需要多样化的学习者"在正规教育情境和非常规教育情境、普通教育和职业教育与培训期间自由切换。"[68]

二、岗课赛证融合

2021 年 4 月 13 日，在全国职业教育工作会议上，国务院副总理孙春兰明确提出深化"三教"改革，"岗课赛证"综合育人，提高教育质量；2021 年 10 月 12 日，国务院办公厅颁布了《关于推动现代职业教育高质量发展的意见》，指出要健全"岗课赛证"的综合教育制度，根据生产实践和职业需要设计开发专业课程，开展模块化、系统性的实训活动课程制度，以增强学习者的实际能力；推行职业技能等级证书管理制度，健全证书监督管理措施，以强化事中、事后监督[69]。

"1+X"职业技能等级证书体系下的教学改革有利于企业同国际市场接轨，畅通企业技能与知识的培养渠道，也有利于企业统筹缓解人力资源供需与行业供求失衡问题，并有利于企业形成终生学习的环境。在"1+X"认证体系下，电子商务与物流管理专业的教学改革将面临试点院校"1+X"证书课程体系不健全、行业企业对学员的知识培养与认证投入还不足的困难。所以，必须实现课证融通，使专业课程的教学内容适应企业技能与工作需要，符合当代企业对新工艺、新产品发展的需要；通过构建以学习者为核心的专业教育考核系统、构建完备的专业技能竞赛体系、把适应职业特点和职业要求的各种综合素质通过"1+X"证书进行展示与体现，最终培养学习者的就业创造能力[70]。

"岗课赛证"融合是一种提高高职教育适应性、系统化、综合性的措施。"岗课赛证"融通的人才培养模式已经成为当前技术技能人才培养的一个重要发展趋势，但是要在具体的实践过程中达到相对比较理想的效果，还要不断地优化融通实践路径，使得最终的育人效果得到有效保障。

（一）紧贴工作岗位，分解出典型岗位任务

深入企业，开展调查，分解典型岗位任务，完善典型岗位任务分析表格，分析岗位能力要求。比如，以电子商务专业为例，对其行业及其从业者、行业协会成员、"1+X"认证试点单位、企业中高层岗位与学徒班师傅、在校学生以及毕业生等开展访谈与调查，掌握职业能力要求以及在疫情影响下的市场变化、产业发展趋势等状况，并进行职业能力分析。

（二）注重课堂教学，紧扣教育实践

通过相关专业技能培养方案设计，衔接国内高职院校的有关专业技能竞赛规范与行业技能大赛规范，通过持续追踪性研究，分析企业岗位职业能力要求，通过"服务对象"为载体设计项目，以岗位流程为引导，以能力为基础，细分模块、有序化内容；以专业人员综合岗位能力训练为主线，校企开发全新活页式课程，并配有任务工单和原创教学微课的视频；构建课程教学竞赛管理机制，实行"以赛促学、以赛促教"，达到"岗课赛证"的融通。

（三）基于岗位能力需求设计课程体系，实现岗课对接

现代物流管理岗位的人才需求随着新媒体、新技术的出现而不断发展变化，对于相关岗位的人才要求也是相对比较复杂的，因此在实际的课程教学改革过程中，也要基于岗位能力更精准地进行课程体系设计，真正使课程体系设计与岗位需求相匹配，更好地实现课程设置与岗位之间的有效对接，使学校培养的人才能够有效地承接岗位的相关工作，更好地提升人才培养质量。而由于物流管理专业相关的岗位需求又是分层级的，所以在具体的教学设置中也需要调整相应的课程，并按照相应岗位的职业发展规律来更好地制定与之相匹配的课程目标，通过循序渐进的方式训练学员在物流管理职业中的基础能力、核心能力以及全面发展能力，真正达到教学内容与岗位需求不脱节。另外，也要不断地优化和更新教学内容以适应不断发展变化的岗位需求，提升最终的教学效果和教学质量。

（四）借助第二课堂扩展实践教学形式，实现赛证教学融通

物流管理专业相关岗位的人才培养过程中，理论知识课程是基础，实际课程需要在理论知识课程的基础上融入专业操作技能，切实提高学生的职业技能应用能力，而且在实际教育开展过程中，也要不断地丰富教学内容和教学形式，否则容易使学生产生厌倦情绪，而无法保证最终的实践教学质量。而实践教学作为第二课堂，涵盖的内容也应该得到有效地拓展，单纯地通过实践活动是很难有效地激发学生的学习兴趣，而竞赛和职业技能等级证书的引入可以有效地丰富实践教学内容，提高学生的学习兴趣。因此，也可以有效引导学生参与到相关的职业技能大赛，通过参与相关的竞赛来缩小与先进高职院校的差距，培养学生的自信心和荣誉感，增加学生学习的兴趣，获得理想的实践教学效果。此外，教师通过指导学生竞赛，能够看到在课堂教学过程中所出现的问题和缺点，进而完成实践课堂教学工作的优化与创新，真正保证人才的培养效果和质量。

（五）实行岗课赛证多维度考评体制，实现以评促改

"岗课赛证"深度融通过程中，当前的评价方式是相对比较单一化的。如果仅注重学生最终的课程考试成绩、所参加赛项获得成绩和相应的职业技能等级证书的获取能力，这样就会忽略了整个教学过程中学生的相关表现，对于人才的培养工作开展来说是非常不利的。所以在当前评估工作进行过程中，需要进一步地建立相应的多维度评估系统，通过教学参与过程、教学成绩以及实践成绩和学生参与赛项成绩等，进一步发现当前岗课赛证相互融通过程中所出现的相关问题，

切实帮助学习者养成专业能力、职业素质、职业技能、服务社会能力等职业综合能力，更好地适应当前社会经济发展。并在不同的领域中做出多元化的评估，根据不同的学员成绩，综合考评排名靠前的学员要给予相应的奖金和奖励，并以此作为引导，更好地引导其他学生向其学习，提高专业技能与职业技能水平；而对在评价的过程中，成绩相对欠佳的学员则要有效地予以引导，让其可以更加自信地对待今后的有关课程内容。通过比赛的组织、资格证书的考取等方法，了解和把握有关知识内涵，从而更好地提高高职院校的人才培养质量[71]。

总之，物流管理、电子商务等商科专业的人才培养过程中要通过相应的教学改革来更好地满足当前的社会人才需求，而"岗课赛证"融通可以有效提升人才培养质量，但是在具体的实践过程中也要讲究一定的方法和策略，否则容易出现一系列教学问题影响最终的人才培养效果。通过以第二课堂拓展实践的课程形式，实现岗课赛证融通；通过落实岗课赛证多维度考评系统，推动岗课赛证的深度融通，不断提升人才培养质量和效果[72]。

三、课程思政融合

党中央、国务院办公厅在《关于加强和改进新形势下高校思想政治工作的意见》中提出，要强化大学生思想道德教育与价值引导，并运用不同专业中蕴含的思政要素对大学生加以指导。习近平总书记在全国高等学校思想政治教育工作大会上强调，把思想政治工作贯穿教育教学全过程，其他各门课程都要守好一条渠、种好责任田，使各类课程与思想政治理论课同向同行，形成协同效应。

教育部等九部委在共同发布的《职业教育提质培优行动计划（2020—2023年）》中，明确提出要把改革创新高职院校的思想政治教育教学管理模式作为各项工作的重要任务，以实现学校立德树人的基本任务，并给出了具体细化目标。如何把课程思政有机融入高职院校学生培养的各个环节中，在着力提高学生专业知识能力的同时培育学生的道德意识，使学生发展为德才兼备的复合型技术技能人才，是新时代高职院校必须面对的一项重要课题。

"1+X"职业技能等级证书制度是我国职教体系建设的一项根本管理制度，更是建构我国个性化职业教育发展模式的一项重要创新。"1+X"证书制度建设目标是协助高职院校各专业进行校企合作、产教融合，重建专业体系，全面推进理实一体化教学，通过制定符合企业岗位情况的职业道德规范、训练规范、考评规范，包括先进教学内容及课件资源创建等，实现"1"和"X"的有机连接。高职院校可利用"1+X"职业技能等级证书制度指导专业建设和人才培养，进而改善高职院校育人品质和效果。

把专业课程的思政工作纳入高职院校的"1+X"认证建设中，将教育教学理念贯彻到专业知识教育、实习实训等培养实践过程中，构筑"大思政"教育格局，可以全方位提升高职院校学生的专业技能与职业素质，对落实高职院校立德树人的根本任务，具有重大的意义和深远影响。

（一）培养高职院校教师的思政能力，巩固课程思政知识

习近平总书记在全国教育教学工作会议上提出"要努力构建德智体美劳全面培养的教育体系，要把立德树人融入思想道德教育、文化知识教育、社会实践教育各环节，贯穿基础教育、职业教育、高等教育各领域。"这就是说，实现高等院校或者高职院校思想政治教学任务不再单纯是思政课教师的职责，更是全体教师以及整个社会教育者的责任，高职教育工作不只是孤立地传播科学知识，而应该在特定专业背景下在"1+X"证书制度建设中依靠高职院校和社会各界多种载体，有效体现思想政治教学全过程。

（二）优化专业教材设置，增强学校思政教育实效性

首先，高职院校的专业教材的作者要充分认识到，在专业课程教材中加入课程思政元素是高职院校"1+X"职业技能等级证书体系建设的重要内容。只有在知识传承与能力训练的基础上，合理发掘课程思政元素，充分体现专业课程的品德教育功能，完善课程建设，才能真正让专业课程教育和思政知识课堂同向同行，从而产生协同效应。

其次，高职院校教师应按照专业的特点及"1+X"认证体系需要，改变课程设置及讲授开展形式，发挥教师学习主导功能，通过各种教学方法开展讲授。例如：翻转讲授、网上线下混合式教学、项目化讲授和任务驱动式讲授等。一方面以项目为载体，以需求为导向，通过教师讲授和引导，使"教、学、做"一体化，积极提升高职院校学生的专业知识能力和技术水平；另一方面整合劳动教育、匠人文化精神等思政因素，把思想与价值导向贯彻于课程讲授、学习研究、实践实训、论文等各个环节中，在完成"1+X"证书制度考核目标的同时增强高职院校学生的思想道德教育与职业素质。

最后，高职院校教师应把学习的主动权留给大部分学生，让学生适应数字化教学、个性化学习、过程化教学等新的教学模式，以增强学生的主动学习能力，进而减轻教师课堂压力，使学生们不再被动地接触教学，而是主动展示自身能力，勇于深入地分析思考，积极把教学思政教育内涵深植于学生头脑，进而实现事半功倍的效果，使专业课程的思政教学效果更加明显。

（三）精选网络教学资源，丰富课程思政教学内容

如今，高职院校学生的知识源泉已不仅限于一本纸质书本或是一些课堂参考书，通过互联网也可以给学习者带来海量的优秀教学资源。例如，我国"十二五"和"十三五"时期,教育部已先后筛选出了 8000 多门国家精品开放课程,包含了配套教材、操作题和测试题,并同步拥有了 4 万~5 万门的 MOOC、SPOC 教学资源等。此外,各级、各层次专业课程资源库的内涵也十分丰富。这种浩瀚的优秀教学资源,不但为高职院校学生带来了宝贵的知识源泉,而且也给广大高职院校的教师们带来了更多教学资源。高职院校教师可以针对专业课程需要,通过精选知识讲授透彻、设计质量优秀、丰富教学与思政知识的网上教育资源,有效充实到"1+X"的专业课程教育系统中,从多方面充实各专业课程思政知识内容,对高职院校学生进行专业知识与思想品德全面的教学与指导,扩大学生知识面,提高学生思想素质。

(四)探索教学绩效评估机制,全面提升教学思政效益

"1+X"职业技能等级证书体系主张工学结合、知行一体、德技并修,主要偏向于对高职院校学生进行实际创新能力的培养,所以要冲破传统的以理论知识考核内容为主导的教学绩效评定模式,突出以培养学生职业发展能力为主要目标,同时融入高职院校学生的日常思维素养、职业发展素养考评特点。一方面,采用学生提交作业、分组汇报、分享教学体会等方式进行考评;另一方面,通过学生的学习习惯、生活表现、教学小组之间互相鼓励和督促等方式,师生一起参加考评。这种在"1+X"职业技能等级证书制度下的以过程性考核为主的基本考核评估系统,充分融入了企业、行业、政府等多部门的多元化评估,突出了"1+X"证书制度下的理论知识目标、专业技能目标和思想素质目标的综合评估水平,不但客观体现高职院校学生的理论知识水准、专业技能水准,更能合理体现出高职院校学生的思想素质和职业素养。

第三节　教学资源融合

一、教材资源智慧化融合

"1+X"教材资源是指为教学的有效开展提供素材的主要支撑条件。高职院校新型活页式教材开发设计流程目前没有统一的模式,各高职院校也开展了大量的研究与探索,为设计基于"1+X"课证融合的新型活页式教材开发流程提供了参考。

(一)分析"1+X"证书模块和等级要求,确定活页式教材的内容和层次

新型活页式教材是基于"1+X"证书制度开发的,要求课程内容与证书考核高度融合。以物流管理专业为例,首先,应全面分析专业的"1+X"职业技能等级证书模块体系和职业技能等级考核要求,构建物流管理专业学历证书课程+职

业技能等级证书课程体系。根据以上技能模块及能力等级技能考核综合评价，整理出活页式教材的主要内容或项目。其次，调研获取物流企业行业的新技术、新规范、新标准，将其融入活页式教材的项目中。最后，确定基于"1+X"课证融合的新型活页式教材的大纲。"课证"的教材核心思想之一即注重任务导向，相对于传统的理实一体化教材而言，层次安排更加简洁分明，逻辑脉络更加清晰[73]。

（二）根据活页式教材内容，确定活页式教材的呈现形式

传统教材的呈现方式多种多样，近年来主要在教材的信息化手段及配套资源建设方面有了很大的改变，但其性质还是教师的教学材料，是以教师为主体的。而基于"1+X"课证融合的新型活页式教材的呈现形式应该以学生为主体，体现以学生为中心的理念。这就要求活页式教材呈现方式一定要便于学生学习，引导学生完成探索发现、主动思考、完成任务、归纳总结等学习任务。教师只是在学生的学习过程中进行指导和监督，所以基于"1+X"课证融合的新型活页式教材实际上是一种学生的学习材料。在"1+X"教材内容开发方式上，"1+X"教材内容开发人员应尽可能提供实际生产或管理实际一线岗位的日常工作的情景、工作任务、工作标准规范、评价与量表、拓展式学习活动项目设计等素材内容。为了"1+X"教材的统一规范，每个任务及子任务下的工作卡片尽量在形式上统一，便于学生学习时更好理解与实施，也便于"1+X"活页式教材后期的修订补充。

（三）收集编制材料，完成"1+X"活页式教材的编写

确定好"1+X"活页式教材的具体内容要求和素材呈现的形式后，即可准备开始进行收集或动手制作学习素材。对于教材，学习工作任务则是一个学习工作情境下的内容具体化表现。从设计典型工作任务开始到最终学习目标任务内容的初步确定，是一个"1+X"活页式教材系统开发建设的重要阶段过程。另外，基于"1+X"课证融合的新型活页式教材的素材一定要体现课证融合的特点，将相关标准、证书考评体系与"1+X"教材内容融合，使用大量的信息化、网络化技术手段，选用学生易学易懂的视、听、动一体的高质量学习材料。

（四）建立"1+X"活页式教材动态评价与反馈体系

"1+X"活页式教材中每一个学习任务应该体现学生的参与过程，在设计制作卡片的时候，应适当预留一定的位置，能够让学生记录完成工作任务的过程，通过该模块教师可以在教学中动态评价学生学习成果，也可作为学生对教师教学的过程反馈，为"1+X"活页式教材进一步修改和删减提供参考。

二、课程资源网络化融合

"1+X"课程资源是指课程要素来源性质的条件以及作为保证课程实施时课程资源有效性的必要内容。"1+X"课程资源系统建设的整体结构中应该整合校内外的课程资源，校内外课程资源的合理有效与交叉渗透融合是持续稳定推进"1+X"课程教学均衡和发展水平提高的重要驱动因素。

（一）课程资源网络化融合现状

就高职院校目前校内教育与各类校外的课程资源方面的有效融合与现状研究来看，存在的问题主要包括两个方面：一方面，"1+X"课程资源有效融合研究的应用领域仍然较为局限单一；另一方面，学校、企业、政府等之间缺乏紧密沟通协调，"1+X"课程资源融合开发较难。

（1）校内与校外课程资源融合领域较为单一。就当前高职院校基于"1+X"模式课程资源的定义角度进行分析，"1+X"课程资源是当前有效整合推进"1+X"课程资源整合实施的条件保障，"1+X"课程资源结构体系中包含来自校内课程资源与校外资源的两部分资源因素。其中，校内的实践课程资源结构的主要内容包含校内的教师、学生、学习者行为方式、学习行为策略等诸多因素。校外网络课程资源包括各种大型校外数字电子图书馆、科技馆资源等，以及其他网络资源和校外的家庭教育资源等。随着数字技术的发展，"1+X"课程资源融合方面发展还存在许多片面性特征，如高职院校很重视和校外企业资源间的高效互动，但对公共信息资源、公共图书馆、科技馆等资源往往重视不够。

（2）学校、企业、政府之间缺少相互协调。新课程改革提出高校课程资源不能被束缚在课本教材内容范畴之中。教育资源也要逐渐地走出学校，更要融入实际教学过程，扩大其研究范围。"1+X"高校课程资源需要内外联动和融合开发互动，要把握好政府、企业、学校三方之间有效的互动，确保学校好的校内基础课程与校外公共优质课程资源保持良性的联动支撑和协调创新发展。然而对于一些高职院校，三者的发展态势之间并没有相互紧密地衔接协调。政府资金管理和相关政策、校企联合发展等教育扶植的政策方面仍存在较大的缺失，也可能会阻碍高职院校当前"1+X"课程教育资源与校外在线学习类课程资源的相互交叉与融合。

（二）课程资源网络化融合实施路径

立足国内高职院校校内"1+X"教育与对校外各类课程资源建设的现状，针对课程现状背后的诸多原因，探讨了校内"1+X"教学与校外各种课程资源建设深度融合的可行路径。对此，可以将建设校外创新实践人才培养基地、政府的扶持资助政策等作为探索校内"1+X"教育与企业校外创新课程资源相融合的一种探索路径。

（1）校外实践基地融入课程教育资源。高校"1+X"课程资源指的是"1+X"课程活动及开展"1+X"教学中课程所需的基本因素条件及技术条件。按照高职院校课程资源本身的组成结构类型进行合理划分，可以分为"1+X"校内基础课程资源以及大学生校外学习课程资源两部分。校外社会实践研究基地建设项目作为实现校外优质课程资源融合的重要构成部分，为切实提升校内外学生科技自主设计研发、自主创造实践、自主科学探索实践能力方面搭建了更广阔有效的研究平台。高职院校还应该善于借用高校创新发展理论研究成果和国外教育创新实践方法和先进经验，探索研究符合高职教育中合理资源优化及整合共享利用的信息教育系统模式，从而逐步实现"1+X"教育领域优质信息技术资源之间深度整合及共享，提升高职院校"1+X"教育信息资源利用率。

（2）政府扶持政策加快校外课程资源融合。校外与校内的课程资源间的互动融合实践，必须进一步强调企业资本与当地政府之间的相互参与，将城市企业资源要素通过当地政府强有力的有效扶持、调节，融合参与到高职院校课程资源体系之中。在当今国家高等教育体制职业化重大改革需求背景下，"1+X"课程资源的开发、共享就成为一项重中之重的任务，政府应提供高职院校相对应的资源政策，加大公共教育领域投资引导力度，实现各类企业资源与高职院校课程资源建设相互交叉融合，推动公共课程资源的纵深拓展。政府提供服务的主要政策体现在以下三个方面：1）由所在地政府向高职院校有偿提供公共校外的教学实验场地条件；2）由所在当地省级政府直接拨付公共校外优质资源建设项目启动服务经费；3）鼓励引导当地各级基层政府出台或委托相关生产企业组织制订实施相应的扶持资金补助等专项扶持或引导性政策，为高职院校的课程教学或实践工作提供符合其教学特点的生产实习教学场地条件保障及其他辅助设施。

（3）校外培训人员融入课程资源之中。"校企合作"是拓展校外教育课程资源的主要途径，有助于指导学生职业能力发展与身心素质的可持续发展。在校外课程资源深度融合发展的理论视角下，要明确完成开设"1+X"职业技能培训等课程目标作为主要教学目的。为把企业、政府、培训等资源全面融合引入到相关高校课程资源之中，实现学校课程资源扩展。在高职院校的校内公共课程资源建设项目中，教师配置应保持校内与校外师资结合互动，促进高校课程教学团队的可持续发展，为提高学生能力、素质水平的均衡发展提供保障。

三、培训资源社会化融合

培训认证资源主要是指学生在认证"1+X"课程培训证书过程中使用所能涉及的其他各类信息资源，包括电子课件、视频、题库、职业标准、教学内容、教材、考核等级标准、教学形式、师资标准、实训场地等各方面的内容。

我国长期以来专业教育标准制度和各类职业资格标准制定之间缺乏良好衔接，同时部分企业单位也往往不重视现有员工参加的专项职业技能证书培训，导致国家职业资格证书管理的实际市场化、社会化工作程度低，培训机构资源质量更是参差不齐，推广普及较难。很多专业的职业教育落后于实际行业需求发展，在校学生的核心能力素质培养和劳动力市场上实际岗位需求间的差异越来越大。

（一）对接职业技能等级标准

高职院校在学生培养过程中通常都要求学校与校外合作企业直接开展培训合作教育，联合共建产学研合作基地[74]。理论知识教学环节一般在学校进行，实践操作等技能课程教学可以到校外实践基地完成。以物流管理专业为例，在需要研究或开发"1+X"物流职业能力培训课程资源时，可以申请先考虑将国内相关大中型企业公司内部的优秀业务骨干整合纳入相关培训研究机构的师资团队，通过校企合作等方式来共同开发培训资源。企业人员全程参与到该师资团队，可以及时整合更新物流相关岗位职业技能等级认证与资质考证体系等相关模块化知识点体系，使职业教育课程培训和项目资源研究开发更具有实践教学推广价值[75]。

（二）多方联合开发培训资源

职业资格与培训改革是社会经济转型背景下对高层次人才脱颖而出的迫切要求，职业技术培训教育资源多样化的综合开发机制也要求各类高职院校和各级职业培训办学机构转变传统教学育人理念，创新教育人才培养管理模式，实施人才培养"三教"模式改革，多方合作协同推进联合办学育人[76]。这里既需要政府教育行政部门的政策统筹部署和制度顶层统筹设计，也需要一批优秀资深的教育、企业、行业专家团队共同参与职业技能证书培训优质资源的设计开发，补充、整合和更新企业培训项目资源，扩大"1+X"证书教育培训项目资源和社会影响力[77-79]。

（三）线上线下多渠道构建

新冠肺炎疫情的爆发进一步促进了线上线下网络教育技术的进一步融合，院校之间可以通过借助网络平台资源和线下网络课程资源，开发符合在线培训教学模式需求的优质职业培训资源。将网上授课资源和学习视频上传至企业网站平台和网络学习平台终端上，提供给高职院校学生群体或培训企业职工。远程在线开发的职业技术培训课程资源更适应于互联网时代学员的学习需求，互联网提供的开放性的课程培训内容资源，增加了企业培训人员选择的灵活性。

第四节 师资队伍融合

职业教育是我国教育的重要组成部分，主要特点是根据企业实际需要，结合教育资源，最终以职业技能为目标完成人才培养任务。近几年虽然我国高职院校教师在教书育人、职业技能、社会服务能力等方面得到了培训与提升，但是根据新时代和职业教育发展的要求，教师队伍建设仍任重道远，所以"1+X"证书制度背景下高职院校师资队伍的建设显得尤为重要[80]。

一、"1+X" 证书制度背景下师资队伍建设是重点

（一）教师实践能力有待提升

高职院校"双师型"教师队伍的发展，不单是看师资总量的增长，更重要的是靠人才素质的提升，尤其是教师实践能力的提升。当前高职院校教师选聘过程中"唯学历论"的趋势比较突出，在选拔人才时往往过分注重候选人的学历，这些教师虽然普遍具备较高的理论知识水平，但专业实践能力相对薄弱[81]。在校的专任教师，尽管参加过各种企业挂职锻炼等培训，但因为内部管理机制和利益保障等问题，教师很难和企业深入地融合，也很难有企业实际项目的实操、探索和实战经验，使得部分专任教师无法胜任专业技能教学，最终使学生所学和实际工作岗位所需之间的矛盾更加突出，这无疑加大了"1+X"证书制度推行的难度[82]。

（二）教师职业鉴定能力有待加强

"职教 20 条"赋予了高职院校教师全新的工作职责，要求教师将职业技能鉴定标准融入课程内容、教学活动、实训实践和评价考核，并进行职业技能鉴定的常态化管理工作[83]。但是，目前高职院校师资队伍中存在较严重的"重课堂教学，轻职业鉴定"现象，老师们注重课堂教学，忽视了职业技能鉴定，尽管具有"双证"，却不具备"双能"，技能鉴定水平有待提升。对高职院校教师而言，自身重新定位和转变需要一定过程，需要通过充分的学习、培训、实践、交流等多种形式来达到"内外兼修"，进而增强自身的职业鉴定能力。

（三）专兼结合的师资队伍有待完善

《国务院关于加快发展现代职业教育的决定》明确提出了高等院校教师应是"专兼结合"，其师资队伍建设不能单靠校内专任教师，还要拓展校外各种教师资源，建立"政校企行"的专兼教师队伍[84]。但由于高职院校师资团队"重申报，轻建设"，培养和支持力度不足，专业师资团队构成上"重校内，轻校外"，

校内专业学术研究型师资居多，富有实践经验的偏少，校外兼职教师实质性参与教学程度也较为有限，致使"双师型"师资队伍在构建上面临问题，从而影响了"1+X"证书制度背景下实践教学的推进落地。

二、"1+X"证书制度对高职院校师资队伍构建的需求

"1+X"证书制度试点管理工作的主要目标之一是推进教师、教材、教法"三教"改革，这是职业教育领域改革工作的关键。在"三教"改革中，首先要进一步提高职业教育领域师资队伍质量[85]。"1+X"证书制度试点意在培育出一批拥有专业学历证书与相应职业技能等级证书的高职复合型技术技能人才，在《国家职业教育改革实施方案》中也明确提出多措并举打造"双师型"师资团队，其内涵对试点高职院校专业教师提出了新的挑战、新的需求、新的期望[86]。

（一）准确把握"1+X"证书制度的内涵

自 2019 年开始，"1+X"证书制度试点管理工作在部分高职院校正式开启，高职院校要深入实施"三教"改革，密切结合在专业、课程、师资等方面的改革建设工作，探索专业教学和证书培训有机衔接的推进办法，避免两者之间出现脱节现象。所以，在"1+X"证书制度背景下，教师不仅要准确把握该制度的内涵和宗旨，还必须对"X"证书职业技能等级标准有深入的了解。只有这样，教师才能更好地把专业教学和职业技能培训有机融合起来，适应"X"证书制度的新要求[87]。

（二）具备较好的综合职业品质

教师要具备与时俱进的职业教育理念和教育观念，是"1+X"证书制度背景下高职院校教师队伍进一步健康发展的思想基石，更是评价高职院校专业师资能否成长的一个重要依据。在"1+X"证书制度背景下，首先，高职院校专业师资要有较好的职业操守和职业素养，并掌握当代高等职业教育的基本特点；其次，高职院校师资应当具备较好的思想政治修养和职业道德品质，具备从事高职院校教学工作的强烈职业认同感、"1+X"证书制度的教育发展理念等；最后，教师还应具备较好的身体素质、健康的体格、健全的人格并不断革新观念，还要具备较好的团队观念。

（三）具备深厚的专业技能

为了实施"1+X"的认证体系，高职院校要针对性地为学生进行专业的职业技能培训，以帮助学生获得职业知识和提升技能水平，并考取相应的职业技能等级证书。学生在毕业之前取得职业技能等级证书，不仅提高了学生与社会接轨的

能力，还增加了就业竞争能力和就业自信心。因此，为培养出符合企业要求的复合型技术技能人才，高职院校教师应具备深厚的专业技能。

（1）高职院校教师要有丰富的专业基础知识，并了解工作岗位对人员知识结构、技术能力的需求，能够准确掌握其所属专业范围内的新知识、新内容、新技艺、新技能，再经过筛选、调整、总结等，合理地整合课程，让学生进一步了解并掌握新知识和新技能。

（2）高职院校教师要深入企业，及时了解职业的发展趋势和科技的进步，通过学习新技术、新工艺、新准则、新标准，提高自身的职业技术水平，在实施教学过程中，将职业的新特点、新技能、新工艺融合起来，并转变为专门课程和教学模块内容讲授给学生，实现职业技能有效融入教学内容的目标。

（四）具备良好的教育素养

为确保"1+X"证书制度的顺利推行，高职院校不仅要为学生提供实践活动所需的实训平台，还要提供专业课程学习所需的学习资源。学生要获得专业能力，除要靠个人的努力外，还需要依靠教师的教学，这就要求高职院校教师具备良好的教育素养。

首先，高职院校教师要适应"1+X"证书制度改革形势，积极推动教育课堂教学改革，将学校专业的各个层次专业技能要求渗透到教育课堂之中，并能主动引领学生进行专业技能创新，激发学生课堂上的学习活力；其次，高职院校教师应根据新时期职业教育的改革要求，不断地调整课程内容与教学方法，为学生提供高质量的教学服务，切实构建学生课堂所学专业知识与实际工作岗位需求之间的密切联系；最后，高职院校教师还应按照"X"证书职业技能等级标准，结合区域、行业和企业实践开发编制活页式、工作手册式教材，配套开发数字化学习资源，并且与有关"X"证书培训评估组织合作，针对在校学生以及广大社会成员进行职业培训与绩效评估。

三、"1+X" 证书制度背景下高职院校教师的能力结构

"1+X"证书制度落地的关键是教师，教师队伍需具备良好的职业品质、专业能力和教育能力，能够在职业技能标准以及专业教学目标的融合下开展教学活动，这也为教师队伍的发展拓宽了路径、提供了机遇。

（一）教师职业品质

"1+X"证书制度很好地结合了我国高职教育的办学特点和人才培养模式，是高职院校当前人才培养的重大措施，对教师整体职业品质也提出了更高的要求。职业品质是指一种有着职业意义的个性品格，是一种潜在的隐性素养，因此

高职院校教师应从政治素质、职业特质、职业理念和态度入手全面提升自身的职业品质。

首先，教师应积极地参加思想政治学习，坚定社会主义政治立场，弘扬爱国主义精神，树立以切身实际行动热爱祖国、报效祖国的理想信念，积极培育和弘扬社会主义核心价值观，将其纳入专业教育的各个环节，积极地推动专业建设，推动学生全面发展，实施课程思政，做到立德树人，把教书育人思想贯彻于课堂教学的重要渠道中，积极地履行教书育人职能，注重加强对学生的世界观、人生观和价值观的教育。其次，教师在教育教学和与学生相处过程中要注意提升自身亲和力、领导力、逻辑思维能力和教学反思能力等职业特质，真正做到尊重学生，注意倾听学生的心声和诉求，为学生设定合理的学习目标，激励学生思考，充分把握学生发展方向。最后，教师要根植坚定的职业理念和端正的职业态度，全面关心学生，以学生为中心，铭记教书育人的责任，以推动学生全面成长为目标，注重培养自己高尚的职业道德品质和操守，并通过引导和示范作用影响学生树立正确的职业道德观念。

（二）教师专业能力

"1+X"证书制度以工作岗位活动的职业要求为导向，以工作岗位活动中所要求的技术能力为核心，是高职院校培养复合型技术技能人才的重要手段，这就需要高职院校教师具备丰富的专业基础知识，了解工作岗位对人员专业知识结构、技术能力的需求，因此，教师们应注意在专业知识能力与专业实践能力两个方面来提高自己的专业能力。

（1）专业知识能力。专业知识能力需要教师掌握三项基本知识：1）专业领域知识，教师应了解本专业的发展动向，熟悉专业基础知识及相应的企业实践知识；2）行业发展知识，教师要积极关注行业发展动向，通过参加专业研讨会的途径熟悉有关行业的发展规划，并了解有关行业的新知识、新技能与新思路；3）职业发展知识，教师应该密切关注市场对相关专业人才的需求变化与趋势，了解有关专业的职位群以及对职业资格的要求，着力于把毕业生培育成具备良好创新能力与较高实践技能的复合型技术技能人才。

（2）专业实践能力。专业实践能力需要教师具备三个能力：1）专业实训能力，教师掌握专业综合实训的具体内容和过程，并能合理组织学生进行综合实训；2）企业实践能力，教师要胜任企业相应职位的工作内容，并在岗位上具备娴熟的工作技巧，同时可以总结实践工作时的技能要点，并反哺于课堂教学；3）校企合作能力，教师需要经常参与行业协会以及企业活动，在行业企业中形成相当的影响力，进而推动校企合作、产教融合等各项工作。

（三）教师教学能力

教学能力是高职院校教师的核心力量，也是其整体教育教学能力水准的体现，其构成主要可以归结为教育知识与能力、课堂教学能力、教学建设能力。

（1）教育知识与能力。教育知识与能力需要教师掌握三项基本知识与能力：1）教学知识与能力，教师要熟悉教育理念与学习理论，能够从基本理论知识和实践方面合理引导学生学习，并采用科学评估手段考核学生的学习效果；2）教育心理学知识和运用能力，教师必须掌握高职院校学生的心理成长规律，熟悉学生的心理特点与认知特征，并学会适当的心理教育方法，对学生实施合理引导；3）通用知识与能力，教师需要有较强的语言表达能力、文字表达能力、沟通与交流能力等，要熟悉相关的法律法规基础知识，并对现阶段的就业趋势和就业环境有一定认识，才能有效开展专业教育和就业指导。

（2）课堂教学能力。课堂教学能力是教师综合能力的核心，同时也是教师最主要的职业能力，主要细分为以下三种能力：1）课堂教学设计能力，教师应能按照课程课时合理安排教学内容，能够按照人才培养要求科学制订课堂教学目标，能够按照学生情况合理确定教学策略、安排课堂过程，能够科学提出多元的评价方法；2）课堂组织与实施能力，教师应合理高效进行课堂教学管理，利用各种手段合理实施课堂教学，利用网络教学、智慧教学、学习通等教育手段丰富课堂内容，灵活运用各种现代化信息技术手段提高课堂学习效率和质量；3）教学评价能力，教师应针对教学过程与教学效果建设评价指标体系，利用多种手段进行自我评价，发现不足并及时做出调整与优化。

（3）教学建设能力。教学建设能力需要教师同时具有以下三个能力：1）教学改革能力，教师应主动承接重点教学改革建设项目，主动进行教学改革，并创新人才培养模式和教学方法；2）专业建设能力，教师应根据需要及时掌握社会需求的信息，按照社会需求制定本专业人才培养目标和专业人才培养方案，并参与实习实训基地建立与师资队伍建设工作；3）课程建设能力，教师应熟悉本专业现阶段的基本课程体系，并不断地对基本课程体系加以调整优化，进而提升自身的教学建设能力。

第五节　实习实训融合

一、"1+X" 证书制度背景下实训基地建设的重要性

对于高职院校而言，实训是一种教学过程，实训基地起初仅是指用于实践训练的教学场所，是技术技能人才培养的必备条件。完整意义上的实训基地建设包括场所、设施、设备、师资、制度等方面的综合建设。实训基地通常具有多种功

能，既包括教学、培训、鉴定的基本功能，也包括产品生产、科学研究、技术服务、社会服务、交流合作等多项扩展功能[88]。

在"1+X"证书制度背景下，需要进一步明晰实训基地建设的价值取向，厘清其建设的新要求，使实训基地的功能主动适应"1+X"证书制度的有效实施。从用人单位视角来看，"1+X"证书制度能够为其提供某种职业能力信息来筛选合适的岗位劳动者。实训基地作为职业教育实训的重要场所，在"1+X"证书制度实施背景下发挥着重要作用，具体体现在以下三个方面：

（一）实训基地是实施"X"职业技能等级证书培训与考核的主要载体

职业技能等级证书是学习者在特定工作领域相应的职业岗位上完成典型工作任务所必备的专业知识、技术技能和职业素养或资质的证明。其中，实操技能及其水平是关键内容，实训基地通过提供场所、设施设备、课程与师资等作为职业技能等级证书培训与考核的重要支撑。

（二）实训基地是"1"与"X"实现有效衔接融通的纽带

"X"证书对于学历教育人才培养是一种补充、强化与拓展[89]，强调将"X"证书标准融入专业人才培养。传统意义上高职院校实训基地的功能主要服务于专业实践教学，但在"1+X"证书制度实施的背景下无疑产生了新的功能诉求，即不仅能满足传统专业阶段性实践教学和综合实践教学环节的需要，还能适应多样化"X"证书培训教学，同步完成"1"与"X"的教学工作，使"1"与"X"实现衔接融通[90]。

（三）实训基地建设是"1+X"证书制度实施推进的重要保障

《试点方案》重点提到各省市要强化基础条件保障，向参与证书制度试点的院校给予政策、资金等方面的倾斜，支持高职院校共建共享实习实训基地与培训考核站点。因此，实训基地建设模式必须做出适应性的变革，为"1+X"证书制度的有效实施提供坚强保障。

二、"1+X"证书制度背景下实训基地建设的价值取向

"1+X"证书制度下，高职院校实训基地建设的价值取向主要是针对合适的价值目标，匹配合适的硬件条件与软件条件，进而满足高职院校学习者为获得多样化"X"职业技能等级证书的教学、培训与考核需求。硬件条件与软件条件是实训基地建设的两大核心内容，前者包括场地、设施设备等，后者包括师资、课程与教学资源等。学习者职业技能的掌握与水平的提升是"1+X"证书制度实施的根本目标。简言之，实训基地除了为其提供基本场所外，还需要具备：（1）符合"X"职业技能等级证书考核标准的设施设备条件;(2)与"X"职业技能等级证书考核内容相融合的实训课程;(3)实现"X"职业技能培训与专业教学同步实施所需的专业师资。

实训教学是高职院校对接"1+X"证书标准,提升学生职业技能、培养正确的职业态度、养成良好的职业道德和综合素质的关键环节,是开展职业岗位能力训练的重要手段。而实训基地是实施实训教学的主阵地,是保证高职院校人才培养质量,提升高职院校社会服务能力的重要支撑,因此实训基地的建设对人才培养质量起到至关重要的作用。

为推进"1+X"证书制度,许多高职院校开始重视实训教学,对传统课堂教学进行改革,增加实训教学环节,通过与企业合作,建设了一大批实训基地,也开发了很多的实训教学资源,在实训教学中发挥了积极作用。但是,大部分实训基地由于受到各种因素的制约,许多实训基地有名无实,不能真正发挥作用。加强"1+X"证书制度融合,建设实训基地具有十分重要的作用。

(一)有利于深化校企合作,为人才培养质量提供保障

"职教20条"提出,以促进就业和适应产业发展需求为导向,鼓励和支持社会各界特别是企业参与职业教育,着力培养复合型技术技能人才[91]。

由此可见,高职院校的人才培养要紧贴市场需求,为企业人才需求提供服务,以培养复合型技术技能人才为主,满足行业企业对人才的多元化需求。因此,职业教育离不开企业的参与和支持,而如何提高企业参与和支持职业教育的积极性是解决这一问题的关键。产教融合实训基地的建设为企业参与职业教育创造了机会和平台,是企业参与职业教育的桥梁和纽带。同时,"1+X"证书制度的实施,把行业企业技能标准引入专业教学中,推动企业主动参与到高职院校的专业建设中来,推动企业参与到产教融合实训基地的建设中来,让学生在校学习专业知识的同时,可以考取相应的职业技能等级证书,真正培养出复合型技术技能人才。

(二)有利于促进职业技能培养标准化

我国高职院校分布广,数量多,不同院校不同专业的教育教学标准也存在着较大的差异,对各个地区高职院校人才培养质量考核也很难制定出统一的标准。而"1+X"证书制度的实施,明确了技能教学的任务和考核标准,使实训基地的建设有了方向和目标,使职业技能培养有了对应的标准,保证了专业教学工作与职业技能标准的统一,促进专业教学与技能标准之间的有效对接。按照"1+X"证书制度建设的实习实训基地有了统一的规划。实训教学和职业技能培养有了相对统一的标准,可以有效保证职业技能培养按照统一的技能目标和技能标准进

行。构建"1+X"证书制度下的高职院校实习实训基地，还能有效促进高职院校专业课程教学活动的标准化发展。

（三）有利于推动校企协同育人，提高人才培养质量

"1+X"证书制度的实施一方面推动高职院校主动走出去对接企业，主动适应市场需求，在教学中引入企业行业标准。另一方面，推动企业和学校开展合作共建实习实训基地，确保"1+X"证书制度的顺利实施，提升职业教育为经济发展服务的能力。校企融合构建实习实训基地保证了职业教育适应产业发展需求，是解决当下职业教育人才培养与产业需求、课程内容与职业标准、教学过程与生产实践脱节等问题的有效途径，是推动校企双方协同育人，提高人才培养质量的有效途径。

三、"1+X"证书制度背景下高职院校实训基地建设的薄弱环节

目前，高职院校已有实训基地普遍难以适应或满足"1+X"证书制度试点的具体要求，偏差体现在部分高职院校未能准确把握"1+X"证书制度下实训基地的建设目标，也未能科学高效地匹配相应的建设内容。

（一）建设目标单一难以满足证书培训考核需求

从《试点方案》的要求来看，今后高职院校应逐步发展成为职业技能培训的重要主体，不能仅满足于承担普通的专业知识和技术技能的教学实训任务。首先，从高职院校发展的历史来看，高职院校实训基地仅将教学功能的满足作为其主要目标，职业技能培训长期以来并非高职院校的强项或主业，整体发展水平不高，导致与职业技能培训相配套的培训资源普遍匮乏。其次，高职院校现有实训基地普遍封闭，原有实训基地与新增实训基地之间、校内实训基地与校外实训基地之间，难以进行统筹[92]。虽一直有共建共享的呼声，却在实施上由于部分高职院校缺乏把握"1+X"证书制度机遇的意识和主动性，未能整合实训基地资源使其真正实现共享。最后，在考核功能的发挥上，由于长期以来的资格限制，职业技能鉴定工作主要由经人力资源和社会保障部门批准设立的职业技能鉴定所开展，以往部分高职院校并不具备相关资格，实训基地普遍缺失考核鉴定的功能定位及其相关的考核鉴定经验[93]。

（二）基地硬件设施设备建设基础薄弱

设施设备是高职院校实训基地建设的基础，是服务各专业学生实践教学的主要载体。第一，我国高职院校基本建有覆盖校内专业的实习实训基地，但由于学校教育的对象是普遍缺乏基本实操能力和从业经历的学生群体，因而高职院校在

配备实训基地基础设施设备时往往具有局限性，教学实训设备主要是根据人才培养方案的培养目标而设计。教学和培训项目设计在内容上主要满足于某一职业岗位（群）的技术技能要求，满足不了多样化职业技能等级证书对技术技能的需求。第二，现有实训基地的管理主要以二级院系为主体，限于经费，缺乏满足取得多样化职业技能等级证书需要的实训基地建设或改造的动力。第三，由于考核功能定位的缺失，高职院校普遍缺乏进行职业技能等级鉴定考核的环境条件，设施设备普遍落后，难以达到职业技能实操考核的技术标准。

（三）书证融通的师资与课程明显不足

职业技能等级证书不同于职业资格证书，它要求从业者不仅要掌握完备扎实的专业理论知识，还需有能够熟练完成典型工作任务的专业实操能力。优良师资是实训基地建设不可忽视的首要资源，高素质、高标准的师资队伍是学习者取得不同等级和类型职业技能等级证书的必要前提，即专兼结合的双师型教师。然而，当前我国高职院校的双师型教师队伍无论是数量还是质量均处于被动满足或适应的过程之中，部分高职院校较难达到《试点方案》所提出的2022年双师型教师占专业课教师总数超过一半的目标。此外，由于实践经验的缺乏，教师难以承担普遍性的"X"职业技能培训任务。值得注意的是，高职院校在面向职业技能等级证书的实训课程开发、教材编制修订等方面都难以满足实训基地软件资源的配置要求。"1+X"证书制度强调原有课程内容与证书培训内容实现共生共长，但因书证融通未能找到科学路径，未有针对性的实训课程或实训教学项目支持实训基地功能的发挥。另外，专业理论知识水平考核和专业核心技术实操能力考核两部分是"X"职业技能等级证书考核的主体内容，长期以来，高职院校的教学体系重点服务的是专业理论知识的教学，而专业技术实操的能力培训常常独立于高职院校核心教学体系之外。实训基地的实训教学无论从课程、教学还是师资配备上都是以专业理论课为主，对于"1+X"证书制度的实施和推进缺乏实质性作用。

四、"1+X"证书制度背景下实训基地建设的具体要求

硬件条件与软件条件如何满足学习者取得多样化职业技能等级证书的学习、培训与考核鉴定需求是对实训基地建设的新要求。具体来说，在建设目标的定位上，应是开放、共享、可扩充的。所谓开放、共享，不仅指能满足相关专业群的教学需求，而且也应满足不同专业、不同院校学习者获取多样化"X"职业技能等级证书的需求；可扩充指实训基地的硬件与软件资源在整体稳定的基础上易于进行局部升级与更新。在建设内容上，场地、设施、设备等硬件条件应根据培训评价组织开发的职业技能等级标准进行对接配备或针对性升级改造；课程、师资、教学等软件条件应以融入职业技能等级证书标准内容的实训项目为载体展开。师资不能仅局限于量上对双师型与兼职教师的要求，应以学习者为中心强化师资队伍质的提升；课程从内容结构上来说应是以典型工作任务为导向，能满足专业教学与证书培训需求。

综上所述，"1+X"证书制度的跨行业、跨界属性意味着实习实训基地建设必须更新实训设施设备，改造开发适应性的软件条件，满足实施若干职业技能等级证书教学、培训和考核的多方面需求。

第四章 "1+X"证书制度背景下的
人才培养模式探索实践

第一节 人才培养模式改革探索

案例一 践行"1+X"证书制度，助力高职复合型物流人才职业技能提升

（一）引言

"1+X"证书制度是《国家职业教育改革实施方案》的重要创新，是促进职业教育教学改革的重要举措，2021年政府工作报告中指出要增强职业教育适应性，深化产教融合、校企合作，深入实施职业技能等级证书制度。"1+X"证书制度是"学历教育与职业技能培养"有机融合的人才培养模式创新，具有融通性、动态性、协同性、开放性等特征。"1+X"证书制度将带来高职教育教学管理模式的变革，模块化教学、学分制、弹性学制等灵活的学习制度和教育教学模式将在试点工作中涌现出来，这些新的变化将对高职现有的人才培养模式和教育教学管理制度带来机遇和挑战。

温州现代物流学院由浙江工贸职业技术学院、温州市道路运输管理局（温州市公路与运输管理中心）、温州市物流商会共建，浙江大学管理学院为其提供教学、科研和学科支持；主要开展各类现代物流专业人才培养、行业从业人员培训、课题研究、学术交流等；培养区域物流技术技能人才，助推区域物流产业转型升级。温州现代物流学院将政府的政策优势、学院的育人优势、浙大的科研优势、商会的企业资源优势进行了有机地整合，为物流管理专业人才培养、科学研究与社会服务等功能的发挥创造了有利条件。物流管理专业依托温州现代物流学院平台，围绕区域物流产业发展，聚焦人才培养和产业共性需求，将平台汇聚的政府、重点大学、协会、企业等资源融入人才培养全过程，如图4-1所示。

2019年以来，物流管理专业依托温州现代物流学院产学研平台，重点围绕服务区域物流产业发展、企业人才需求、学生就业能力提升等三个方面，将"1+X"证书制度试点与物流管理专业建设、课程建设、师资队伍建设紧密结合，深化教师、教材、教法"三教"改革，加强校企合作，共建共享校内外实训基地，提升物流专业人才培养质量和学生就业创业能力。

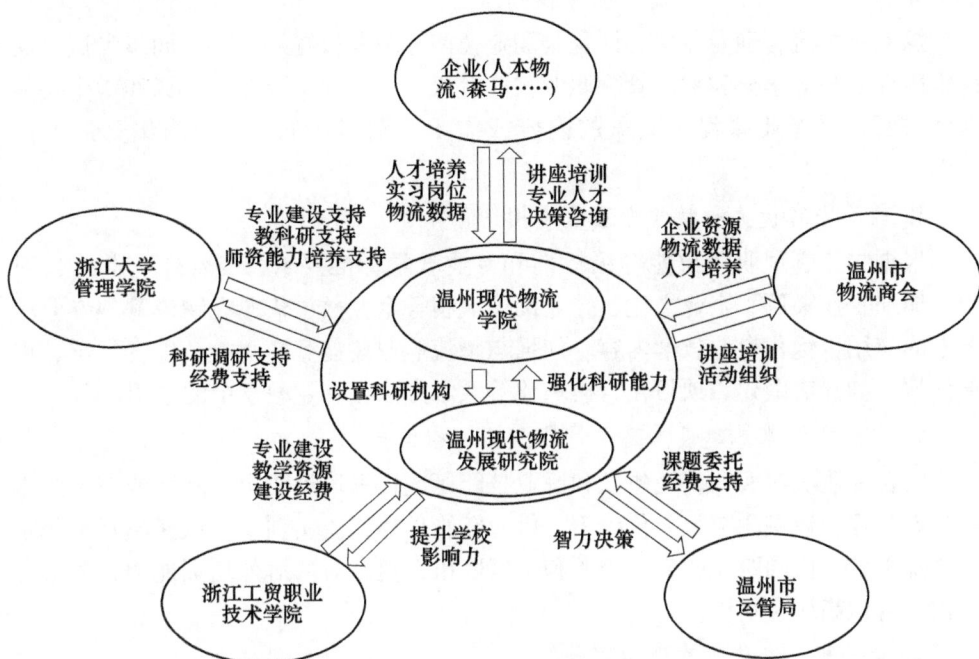

图 4-1　政产学研用，共建温州现代物流学院

（二）实践过程

1. 职业技能等级标准和专业人才培养方案相结合

基于物流管理专业实际情况，结合职业技能等级开展培训评价工作，根据物流管理职业技能等级标准和专业教学标准要求，将证书培训内容特别是中级职业能力、高级职业能力等职业能力要求有机融入物流管理专业人才培养方案，在培养目标、课程设置、教学安排等培养模块融入考证标准，从顶层设计规划复合型技术技能人才培养方案。

2. 职业能力要求和课程体系重构相结合

按照职业导向和岗位需求，根据合作企业岗位技能需求，将教学过程与岗位内容和生产过程相结合，开展专业岗位调研，形成试点专业调研报告，校企共同开发试点专业的教学标准、课程标准、岗位技术标准。打破学科体系框架，构建基于岗位（群）工作过程的专业课程体系。具体做法：（1）开展企业岗位调研，分析主要岗位（群）的工作任务和流程。（2）依据岗位基础职业能力和核心职业能力，构建岗位（群）基础课程模块和岗位（群）核心课程模块。（3）设置职业素质课程，开设职业拓展课程模块。

3. 课程考核与职业技能等级考核相结合

探索将物流管理专业核心课程与职业技能等级考核统筹安排，同步考试，获得学历证书相应学分和物流管理职业技能等级证书。根据社会、市场和学生技能考证需要，对专业课程未涵盖的内容或需要特别强化的实训，组织开展专门培训。

4. 教学内容优化和教学方法改革相结合

根据物流管理职业技能等级标准和专业教学标准要求，与合作企业岗位对接，加强企业案例、企业文化、企业岗位流程等企业教学资源在物流管理专业教学中的应用，优化专业教学内容。加强与物流职业技能竞赛对接，以赛促学，以赛促教，加强实践化、项目化、模块化等教学方法在专业教学中的应用。

5. 实习实训基地建设和高质量职业培训相结合

结合专业实习实训基地建设和职业技能等级证书培训要求，新增或完善成本与绩效管理、数字化与智能化应用、供应链管理等物流实训室，依托温州现代物流学院平台，协同跨专业教学资源和师资队伍，提高对内对外培训能力，积极开展物流管理高质量培训。

6. 专兼职师资队伍建设相结合

重视专业教师与校内外兼职教师的师资队伍建设，打造能够满足专业教学与社会培训需求的教师创新团队，鼓励教师创新团队积极参加职业技能等级证书有关师资培训，在社会培训评价组织（全国物流职业教育教学指导委员会）指导下，开展"1+X"证书制度师资队伍培训，提高教师专业教学、职业培训和考核评价能力。

（三）成效与反响

1. 人才培养规格更加契合产业发展需求

物流管理专业开展"1+X"证书试点以来，深入调研行业企业对复合型技术技能人才的需求以及职业岗位对职业能力水平和专业化程度的要求，分析需求特征、职业领域岗位（群）从业标准，调整专业培养目标和人才培养规格，培养符合区域产业发展需求的物流管理专业复合型技术技能人才。越来越多的学生毕业后选择在顺丰、传化公路港、百世、德邦、正泰集团、森马集团、奥康集团等物流企业或制造、商贸流通等大型企业物流部门工作，物流管理专业就业率98.5%以上，学生就业对口率在80%以上，毕业生留温率60%以上，用人单位对物流专业毕业生的满意度进一步提高。

2. 专业教学师资队伍进一步优化

物流管理专业充分利用温州现代物流学院理事单位和合作企业资源，积极对接社会培训评价组织（全国物流职业教育教学指导委员会），加大专兼职师资队伍建设——通过鼓励专业带头人或骨干教师在合作企业中兼职，参与企业决策；支持教师独立承担企业技术指导和产学研项目开发；定期选派专业带头人或骨干教师为温州物流行业开设专题辅导讲座；聘请企业行业技术骨干或能工巧匠开展学术交流。专业教师先后荣获全国职业院校创新创业大赛优秀指导老师、浙江省高职院校教学能力比赛二等奖、浙江省物流职业技能竞赛优秀指导教师、温州市"551"人才、温州市瓯江青年学者等市级以上荣誉共计20多项。

3. 学生职业技能和创新创业能力大幅提升

物流管理专业开展"1+X"证书试点以来，学生考证通过率达90%左右。专业以培养复合型技术技能人才为目标，基于工作过程对物流管理专业课程进行模块化分解，在现有专业课程中植入职业技能等级标准内容，制定"1"和"X"深度融合的人才培养方案，优化课程设置和教学内容。学生专业技能和创新创业能力得到大幅提升。物流管理专业学生创业率由3%提升至15%。物流管理专业学生获得全国职业院校创新创业竞赛二等奖、浙江省物流职业技能竞赛一等奖等省级以上奖项共计30多项。无论获奖质量还是数量均在全省高职院校中名列前茅。在全省高职院校中展现了温州现代物流学院学生良好的综合职业能力和专业素养，体现了我院物流管理人才培养质量。

（四）思考与体会

浙江工贸职业技术学院物流管理专业开展"1+X"证书制度试点以来，无论在人才培养规格、师资队伍建设、学生职业技能和创新创业能力等方面都取得了较好成效，但在开展"1+X"证书制度的试点过程中，也存在考证成本过高、师资受限等问题，建议通过加大经费投入、加强"1+X"师资培训、完善跨专业报考激励机制等措施，进一步提升专业"1+X"证书试点成效。

（1）加大"1+X"证书试点经费投入。一方面，学校要加大试点经费投入。鉴于当前试点专业考证和培训供小于求的现状，学校要进一步加大"1+X"证书试点项目预算，优先支持"1+X"试点证书经费需求。另一方面，希望政府财政提供学校部分补贴，减轻学校财政压力，以便更好推进试点工作。

（2）加强"1+X"师资队伍培训。为顺利推进"1+X"证书试点工作，学校需要持续提升培训师资力量，立足学校现有教师，启动实施"双师型"教师培养实施方案，按照"自主性、激励性，分类培训，考核认定"的原则，通过岗位练兵，积极送培，技能竞赛，开展社会实践活动，政策激励等措施，引导教师向"双师型"方向发展，打造适应"1+X"证书培训需求的创新型、专业型师资团队。

（3）完善跨专业报考激励机制。健全"1+X"证书覆盖体系，统筹协调互认专业申报计划数，构建学分互认体系，实现不同类型学习成果的互认与衔接，积极动员并鼓励学生参与跨专业报考，来获取自己所认可的证书，以此确保能够保质保量完成全额申报计划，同时也能提高学生"1+X"证书考试通过率，提升专业人才培养质量和学生职业技能。

案例二 市场营销专业"1+X"证书融合试点探索

（一）导语

根据 2021 级市场营销专业人才培养方案，结合疫情管控和考证的需要，市场营销专业将中期实习、"1+X"证书和营销技能竞赛有机结合起来。学生通过实训，可以提高实践技能、获得技能证书，并积累市场营销技能的经验，为以后就业和参加全省职业院校技能大赛打下基础。

（二）做法与过程

1. 考点申报

市场营销专业在已获得"1+X"呼叫中心客户服务与管理职业技能等级证书的基础上，又成功申报了"1+X"数字营销技术应用职业技能等级证书考点。3位专业教师参加了数字营销证书的培训和考试，并获得了相应证书。

2. 证书培训包开发

目前，专业主要是借助平台的培训包对学生开展综合实训，具体包括理论知识和实践技能。在培训包开发过程中，应要紧密结合职业技能等级标准，体现数字化和职业化元素，使培训包更能适应学习培训的需要。

3. 试点工作推进

本次集中培训时间安排在本学期的第 2~17 周，学员是营销 2001 班级 46 名同学。具体安排是：

（1）第 2~16 周的周三下午，"1+X"呼叫中心客户服务与管理职业技能等级证书的培训，安排了三位老师授课，授课内容是：投诉处理、话术设计、录音质检、报表制作、课件制作等五个项目。

（2）第 2~16 周的周五下午，"1+X"数字营销技术应用职业技能等级证书培训，安排了两位教师授课，内容是情境营销和数字营销。情境营销是班级同学分成小组操作相关软件，在相同动态市场环境条件下，通过目标市场分析与选择、营销策略组合和财务报表分析，使企业的效益最大化。数字营销是各小组在相同的市场环境下，结合给定的企业数据与市场数据，借助数字媒体平台进行品牌传播，增加网站曝光度，提升品牌认知度。

4. 课证融合途径

"课证融合"又称为双证教学，是指课程的设置与职业考证相对应，课程教材和教学内容与考证内容相一致，通过课程学习，学生就能直接参加相关职业证书的考试。在当前疫情形势下，较难直接将学生输送到相关工作岗位，进行工作经验积累、实训。课证融合更好地填补了其空缺，在上课时，不再一味地以教师为主体向学生灌输知识，而是将学生自身变为主体，自己进行实训，不断练习。一边学习理论知识，一边进行实操训练。

因为数字营销刚刚开始，前期虽然有开设大数据分析课程，但是与数字营销平台侧重网络数据分析还是有区别，需要进一步探索。

（三）实施成效

本次培训的最终成效需要通过考试和竞赛成绩佐证，下面是学生的实训感受。

（1）本次职业证书的选取十分贴近我们自身所选专业技能，获得证书更是对自己能力的一种提升。课证融合将考证成绩与学分挂钩，使学生对待证书考试更加重视。中期实习的50多个课时，目标明确地针对职业技能进行强化训练，大幅地提高学生的技能水平和操作的熟练程度。

（2）参加中期实习培训已经有一段时间了，刚开始的时候觉得很新鲜，以为就是像淘宝上的客服那样，应该不会太难，但是接触一段时间下来发现不是这样的，还是挺有难度的，要制作PPT、制作报表、录音质检等。制作报表还是挺花时间的，一开始练习的时候制作一个报表就可以花费我一个下午的时间，需要灵活地运用Excel和了解一些公式的用法，还要细心，不然一不小心就会出错。在学习过程中感觉一些客户的问题还是很难解决的，需要对自己的业务有个清楚的了解，语气语言都要有一定的规范性和技巧。项目主要的内容要包括，可以利用一些图标形式。其实在学习过程中遇到的问题还是挺多的，最后在教师的指导下这些问题都能够被解决。

（四）思考与建议

1. 思考

学生考取"1+X"证书的激励问题。在学生考取"1+X"证书的过程中，目前存在的最大问题是学生学习动力不足。一方面，学生认为这些证书在社会上的认可度不高，对于自己将来就业的帮助存在着不确定性，缺乏考取证书的内在动力；另一方面，学生是否考取"1+X"证书，与其自身的利益不存在着相关性，即使没有通过，对学生也没有影响。综合上述两方面，学生在考取"1+X"证书的过程中，存在着内外部动力不足的问题。

2. 做法

既然学生在考证的过程中缺乏动力，专业可以通过施加外在动力，来弥补自身动力不足的问题。因为本身"1+X"考证是对中期实习的一种替代，学校对于学生中期实习的表现有相应的考核，因此专业将中期实习的考核移植到对学生"1+X"证书的考核，要求学生必须取得证书，否则中期实习成绩将被认定为不合格，需来年重新参与"1+X"考证。同时也加大证书宣传力度，通过这样的方式，给学生的考证找到一个内外部的动力。在实施的过程中，一定要事先将规则讲清楚，同时一定要强调"1+X"证书考证的重要性，以表明考核的"合法性"。

3. 效果

在实施前，因为学生缺乏学习的动力，课堂表现非常糟糕，学生根本没有学习的心思，在练习的过程中，甚至出现部分学生心不在焉的情况。实施后，不再出现自由散漫的情况，课堂纪律良好，学习氛围变得更加积极，甚至在老师不在场的情况下，学生均能表现良好。

第二节 教学改革探索

案例三 "教学练"合一的线上教学

（一）基本情况

课程名称：仓储与配送管理。

参赛项目：入库作业管理、在库作业管理。

课程简介：仓储与配送管理是物流管理专业的专业平台核心课程，面向国际物流和仓储配送两个方向的学生，开课时间是一年级第2学期。基于"2材2标1求1案"，即国家规划教材、"1+X"试点教材、物流行业标准、物流职业技能等级标准、校企合作相关企业的岗位要求以及专业人才培养方案，教学团队对该课程的内容进行了重新规划，依据仓储配送的作业流程，设计了七个项目（见图4-2），从对仓储与配送管理活动的认知到业务流程的操作规划，再到一体化作业方案设计与执行，点点相连，步步推进，由点及面，培养学生具备仓储配送一体化物流作业方案的设计与实施，以及物流核心环节的作业管理能力与职业素养。

教学平台：充分利用超星学习通平台与百蝶ITP仿真平台等主要工具，用于预习、复习、作业、测试、投票等教学活动；利用钉钉进行直播授课；建立相关钉钉群组，如班级群、组长群、小组讨论群等，利用即时通信软件加强沟通互动、答疑解惑；利用仿真VR平台扩展学习内容。

在线教学主要特色：优化整合网络资源，发挥教师导学作用，以学生为中心，增强师生互动，在专业课程中融入全国职业院校技能大赛智慧物流作业方案设计与实施赛项的相关内容，做到以赛促教，以赛促学，课赛融通，激发学生学

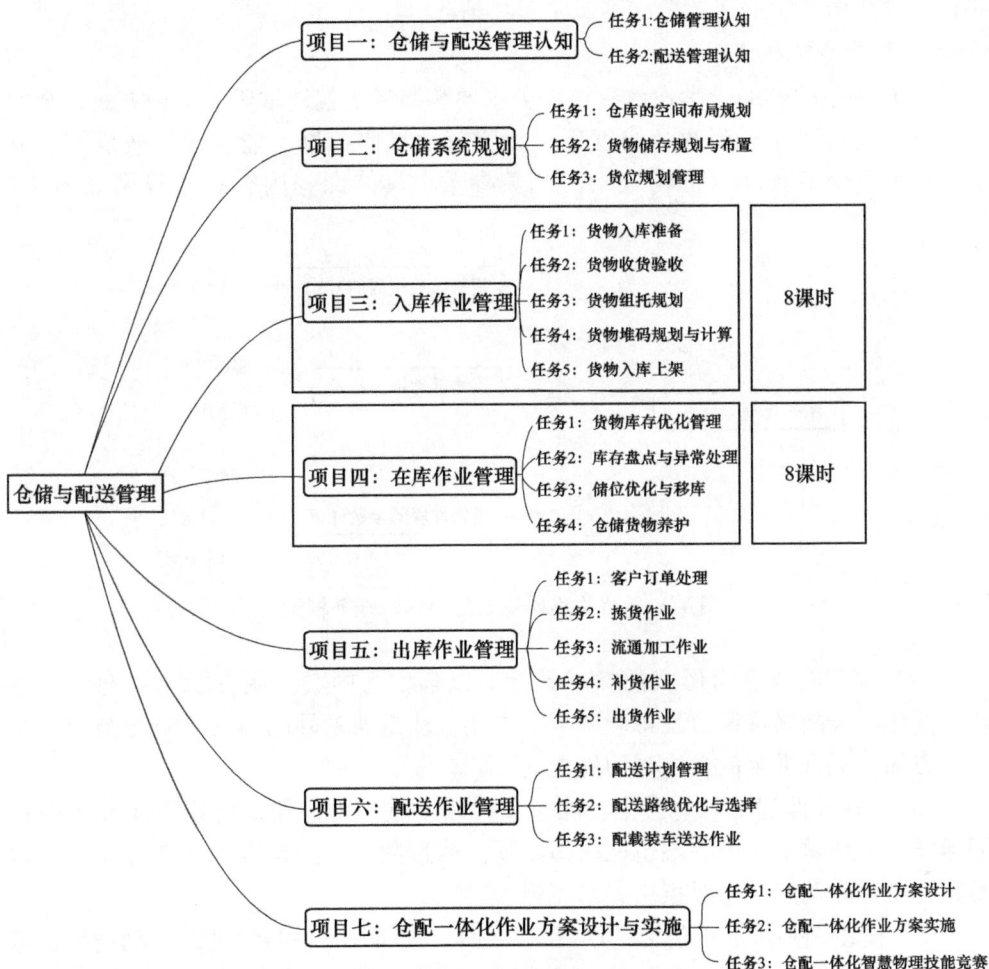

图 4-2　仓储与配送管理课程框架

习积极性，增强学生的学习兴趣，提升学生的自主学习能力。让学生既要有思想，又要有方法，既要有扎实的基础理论知识，又能掌握基本实践操作，不仅能对接企业用人需求，也能为比赛储备相关人才。

（二）教学改革背景与思路设计

1. 教学改革背景

2020 年伊始，新冠肺炎疫情突袭，教育部发出了"停课不停学"的倡议，我院积极响应国家和教育部号召，利用现代信息化手段开展线上教学教育。此次的疫情凸显了线上教育的重要性，同时也表明了线上教育是未来教育的发展方向。因此，在接下来的浙江省教学技能比赛中融入在线教育，合理设计教学内容，积极拓展教学形式，调动学生学习热情。

2. 教学思路设计

（1）关于内容的教学设计。该任务主要掌握货物就地堆码的7种方式；掌握从堆垛高度与堆垛五距两个维度确定货物就地堆码标准；能够计算按层高、宽度、长度三个步骤确定货物堆垛的相关参数。具体课程内容思维导图如图4-3所示。

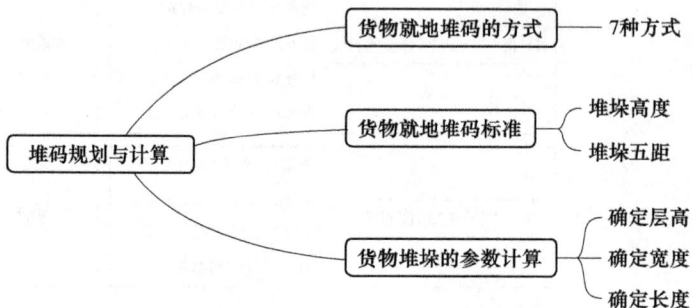

图4-3 《货物堆码规划与计算》任务框架

（2）关于在线教学形式的教学设计。以学生为中心，激发学生主动学习兴趣、优化整合网络资源、发挥教师导学作用，注重课堂外的预习、复习与交流互动等方面，提升学生的自主学习能力。

1）实践性课程以学生为主。通过多种教学软件的应用，将线下实操的内容搬至线上，让学生在电脑端也能模拟实操。通过共享桌面等方法让教师能够实时观察学生操作动态，及时指出并纠正错误。

2）采用多种互动方式。在师生互动方面，课程有多种与学生的互动途径，包括钉钉面板互动，超星学习通课堂活动等。相较于录播、教师直播等在线教学方式，互动效果最佳的是采用会议模式，能够与学生面对面交流，提升交流质量。

在师生互动方面，可以采用在线多人协同办公软件。学生通过网页端即可完成文字的协作，教师也可以把握所有学生的练习进度，合理调整课程进度，查看学生掌握情况。针对掌握程度不同的学生采用不同的辅导方式，因材施教。

3）加强沟通互动与即时答疑解惑。建立班级钉钉群组，便于随时随地帮助学生答疑解惑，及时做好线上指导；积极推动学生建立小组讨论群组，形成良好互助学习氛围。

（三）"教学练"在线教学具体实施过程

1. 课前"学"

教师通过超星学习通平台发布课前知识及情境案例任务，学生学习相关基础知识，并完成相关任务，引导学生完成课前预习。在《货物堆码规划与计算》线上课程准备过程中，面向全体学生发布课前学习堆码方式的任务，并完成相应练习。

教师在课前查看学习、任务完成情况，并完成任务作业的批改。同时在钉钉群组进行答疑互动，帮助个别有疑惑的学生解答，收集共性问题课上统一讲解。

2. 课中"教"

课中教师的教学以学生为中心，针对学生的课前、课中出现的共性问题深入讲解；利用信息化手段，针对重难点问题展开分析。

（1）针对共性问题。在《货物堆码规划与计算》线上课程中，课前推送情境案例任务中的入库通知单，让学生为货物选择堆码方式。经过统计，针对学生掌握不到位的题目展开分析，抽丝剥茧，仔细解释。

（2）针对重难点问题。货物堆码的参数计算是作为重点、难点的一个知识点。针对该知识点，在教学过程中，教师利用仿真软件边操作边讲授，并让学生自己动手尝试完成堆码，增加学生学习兴趣，调动学生积极性。

3. 课中"学"

课程教学过程中避免不了一些相对简单的基础性知识学习，而在线上过程中，这些基础性知识的讲解又容易使得学生不集中注意力，因此不如将这些学习的过程交还给学生，让学生掌握学习的主动权，教师通过学习任务的"验收"，激发学生学习动力。

4. 课中"练"

为检测学生的掌握程度，发现共性问题，在课程中要多次组织练习。线上课程个人的练习能够通过超星学习通平台点对点完成，而团队练习受限于地理条件难以面对面合作，因此采用石墨文档等线上合作平台，小组成员能够实时合作完成训练，达到培养其合作意识、互助学习的目的。

5. 课后"练"

学生课后的"练"包括纸上作业练习与实操作业练习，不仅掌握理论知识，更培养其实际操作能力。

（四）在线教学取得成效与体会

以下多种方式均能够有效调动学生积极性，提高学习质量：学生通过学习平台能够获取所需的知识，拓展延伸知识；学习平台的全过程评价体系能够全面监测、反馈学生学习情况，提供给教师有效的评判依据；利用多种信息化手段进行合理有效的多线互动，提升学习效果。

上好一堂课不仅仅是在课堂上将内容串联起来，更是要将重难点内容突出，利用不同的方法与手段，调动学生学习积极性，这一点在线上教学形式中更加成为挑战。要努力跨越地域局限，让所有学生真正参与到课堂，并学有所得。

案例四 "岗课赛证"融通下的直播营销教学

（一）导语

《直播营销》是一门理论与实践紧密结合的应用性课程，如何上好这门课，既能使学生顺利通过"1+X"直播电商中级职业技能等级证书考试，又要具备超强的操作能力，还要在电商技能竞赛中大显身手，这是教学中必须考虑的问题。实行"岗课赛证"融通的教学模式改革，提高人才培养质量，推进课程建设，具有非常重要的意义。本课程教学将专业课程标准与就业岗位的工作任务、职业技能等级证书内容、专业技能大赛项目融合，制定项目化学习任务，为学生在校期间专业技能提升提供更多渠道和空间。

（二）做法与过程

1. 根据项目运营流程，重构教学内容

为落实岗课赛证融通育人，课程依据国家专业教学标准以及人才培养方案要求，参照《直播电商职业技能等级要求》（"1+X"证书）、直播电商行业岗位要求以及电商技能竞赛内容（直播部分），梳理直播电商岗位的知识与技能点，并以此重构教学课程的知识与技能体系，以"休闲零食的直播营销"项目为研训拓任务，以直播平台运营流程为研训拓主线，将教学内容重构为"3个阶段、7个项目"，共36学时。图4-4为教学内容结构。

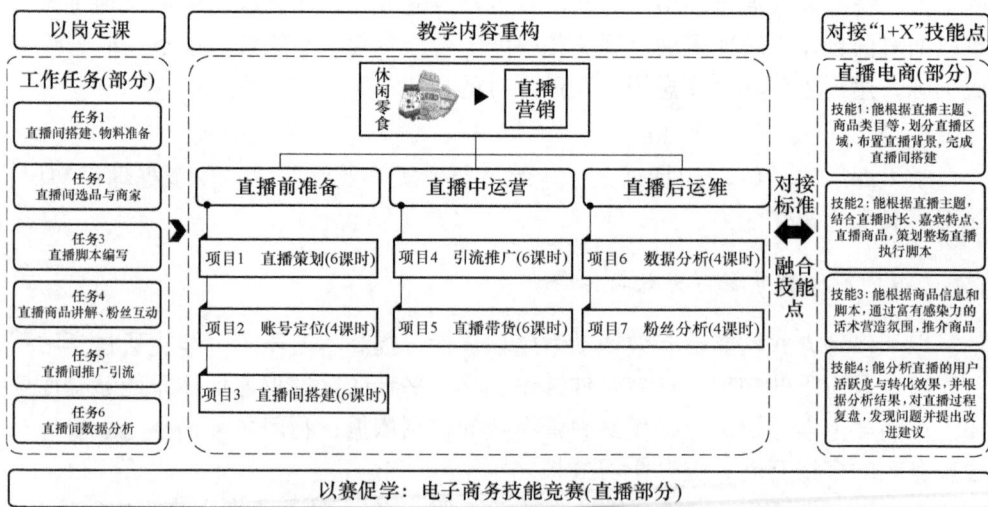

图4-4　教学内容结构

2. 真实项目引路，实施 WEB 研训创教学

教学实施基于"休闲零食的直播平台运营"真实项目，WEB 研训创教学策略如图 4-5 所示。按照课前"真实项目·研——唤醒兴趣（Wake）"、课中"真实项目·训——提升技能（Elevate）"、课后"真实项目·拓——孵化团队（Born）"三个阶段组织教学，将学生的能力培养与平台实践有机结合，提升学生学习沉浸感、实践真实感以及成就感。课前完成"研、学、练"，体验知识与技能的要点；课中通过 5E 任务驱动，即"导（Engage）—探（Explore）—解（Explain）—练（Exercise）—评（Evaluate）"，推进课堂教学，突破重难点；课后通过直播工作室实战，提升平台实战能力。

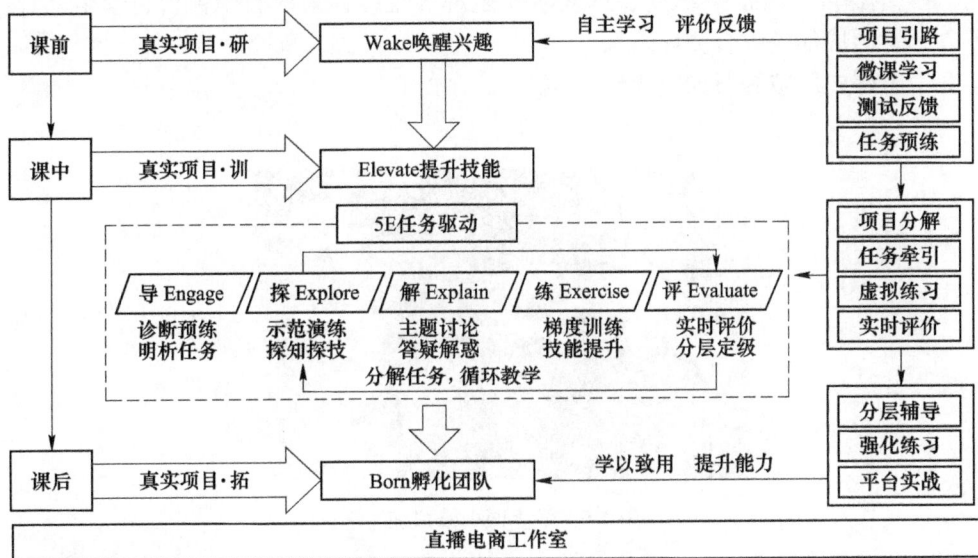

图 4-5 WEB 研训创教学策略

下面以"项目 5：直播带货"中"商品讲解话术设计"的教学进行举例说明。

（1）课前：真实项目·研——唤醒兴趣（W）。教师推送真实"直播带货"项目，引导团队研习，唤醒学生对直播带货的学习兴趣；再引导学生完成微课学习，同时，在老师的指导下，进行直播预练。通过"研、学、练"，让学生体验知识与技能的要点。

（2）课中：真实项目·训——提升技能（E）。以三维目标为牵引，基于真实项目任务，以"导—探—解—练—评"为教学流程，层层递进，提升学生技能。

1）导（Engage）：诊断学生课前直播预练结果，解析任务目标，使学生明晰

"商品讲解话术设计"的重难点。

2）探（Explore）：利用微课视频呈现直播商品讲解话术；利用知名主播示范、教师示范，直观展现带货话术技巧，同时归纳要点。

3）解（Explain）：采取团队主题讨论、师生互动，解答学生在商品讲解话术设计中的困惑。比如"客户在直播间关注休闲零食产品的焦点是什么？"

4）练（Exercise）：依托"1+X"实训平台，采取个人练习、团队合作练习等练法，引导学生在情境任务梯度训练中，从体会商品卖点提炼、带货文案撰写、直播商品讲解等技巧上升到运用技巧。

5）评（Evaluate）：针对商品讲解环节话术文案撰写以及直播的虚拟练习，从 知识掌握度、技能熟练度、思政素养表现等维度，采取教师评价、学生互评等方式，形成任务综合测评结果。

学生课中模拟练习如图4-6所示。

图4-6 学生课中模拟练习

（3）课后：真实项目·拓——孵化团队（B）。依据课中任务综合测评结果，采取分层辅导的策略推进课后实战训练。针对任务测评不合格的学生，教师推送任务测评失分点，由团队协助，在实训平台上进行强化练习。评价合格的学生，在工作室经纪人指导下，在抖音平台上进行直播实战，孵化直播团队。

（三）实施成效

1. 从"研"到"拓"，逐步提升了学生的知识与技能

从"课前研—课中训—课后拓"三个阶段，开展线上线下混合式教学。通过教学测评成绩分析，学生对直播活动脚本撰写要素、直播选品上架原则、主播人设打造技巧等知识掌握较好，对商品上架、直播间布置及直播商品讲解与粉丝互动的能力大幅提升，对直播营销新知识、新技术熟练掌握。

2. 从"虚"到"实"，强化了学生的岗位实践能力

依托真实项目，引导学生从"1+X"实训平台"虚拟练习"到抖音平台"实战操作"，逐步提升了团队的运营管理能力。通过曝光人数、看播人数、付费人数、人均看播市场等数据指标分析显示（见图4-7），学生直播的实践能力在逐步提升。

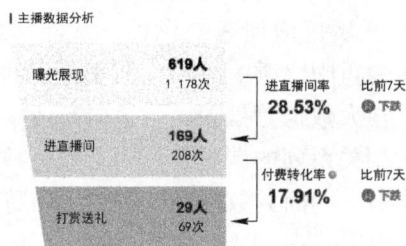

图 4-7 实战平台直播数据

（四）思考与建议

1. 进一步丰富教学案例资源，提升仿真平台学习效果

本项目借助"1+X"实训平台练习，能为实战提供充分的技能准备。但据观察，部分学生对平台练习的积极性不够，主要原因是觉得任务单调、没有实战感。后续将进一步丰富教学案例资源，构建多样化的情境任务。

2. 将依据课前学习评价反馈，及时提供针对性的指导

从学习效果分析显示，实施"多元化多维度"评价，能有效引导学生课前、课中以及课后的学习、训练，但个别学生因自觉性不强，课前参与项目不积极，影响了课堂整体教学进度。后续将依据课前学习评价反馈，及时对评分较低的学生进行思想辅导和专业指导。

案例五 基于"1+X"证书制度下的网店利润预测与分析课堂教学改革

（一）背景

"1+X"证书制度是《国家职业教育改革实施方案》提出的职业教育新的学业证书制度，证书制度是《中华人民共和国教育法》规定的基本教育制度之一，那么，从双证书制度到"1+X"证书制度的转变，将是职业教育基本制度的一次"迭代升级"，必然对职业教育的发展产生深远的影响，必将推动职业教育的课程改革。可见，"1+X"证书制度背景下的职业教育课程教学与常规课程教学有诸多不同：教学目标由单一化转向多元化；课程结构由同一门课程向多门课程并联；课程内容由一维向多维度扩展；教学以教促学变为以学促教；管理机制从 "刚性" 向 "弹性" 转变。

传统商业模式里的品牌和人脉已不足以评判商业运营的各项指标是否可靠，在如今的互联网商业模式下，电商网站的各项指标只有用数据来衡量才最具说服力和科学性。我国电子商务经过几十年的发展和数据累积，已经从用户为王、销售为王进入到数据为王的阶段，如何针对用户消费行为分析，提升电子商务的运营效率，促进精准营销的开展，增加客户黏性，从而实现电子商务的智能化发展，是当前电子商务发展的重中之重。然而，数据分析的快速发展却受制于数据分析人才的短缺。因此，在大数据背景下，为适应行业发展需求，我院在电子商务专业开设商务数据分析相关系列的课程，其中，作为数据应用重要支撑的数据化营销，也是 "1+X" 证书——商务数据分析中的一门重要课程。

课程背景：《数据化营销》是一门实践性很强的、经验要求很丰富、面向应用的课程。侃侃而谈的教学模式成为学生的催眠神器，大量的理论阐述和数据分析让学生无所适从，学而无用。要把学而无用转化为学而有用，势必要进行课堂教学改革，创新课堂设计，改进教学方式，让学生在实践中掌握技能。鉴于此，通过案例教学，化繁为简、化难为易、深入浅出地介绍基本概念和理论，重点培养学生的基本经验和技巧。教材选用阿里巴巴商学院主编的《数据化营销》，因教材过时，按 "1+X" 要求，补充了相关知识点、案例及练习题。

学情分析：本课程授课对象为电子商务专业大二学生，有一定的网店运营、Excel 操作基础，高中数学学过线性函数概念及单调性。但根据数据化营销需要、企业需求，以及学生工学结合中的表现，设计问卷对企业和学生进行调研，经分析以及企业反馈信息来看，学生分析能力明显不足、操作能力也有所欠缺。学生喜欢动手操作，但厌烦抽象分析。

下面以网店利润预测与分析单元中的利润线性预测法为例，阐述教学实境。

（二）做法与过程

本次教学采用了任务驱动法和项目教学法相结合的方式，在教学过程中将学校温州名购网的利润分析任务引进课堂，将典型的工作任务转化为学习任务，引导学生对真实运营数据进行分析，并将分析结论运用于以后的经营过程，在完成具体项目的同时完成学习任务。

教学过程中学生能感受到学习的实用性，进而可以激发学生学习的积极性和自主性，不仅可以提高课堂效率，还可以培养学生的数据分析实战技能。

1. 课前预习

翻转课堂，通过博导平台学生提前了解影响网店利润因素的概念知识点。

（1）教师制作和上传微课、视频等相关资源，布置学生自主学习任务。

（2）学生利用网络资源完成以下指定自主学习任务：试用思维导图总结影响网店利润的因素。

（3）课前复习相关知识点：经济学中利润的计算公式；数学中线性函数的表达式及其单调性描述。

2. 课程导入

（1）提问：

1）中国有多少人没有喝过农夫山泉矿泉水？

2）在欧洲最畅销的中国商品是什么？

学生猜测回答，暴露学生的问题。说明数据分析在科学预测中的重要性。

目的：树立实事求是的工作作风，让数据在科学分析中有份量。

（2）提问：在做数据化运营时，要保证每一步决策是数据驱动而不是固有思维。因此，在考虑店铺利润最大化时，就必须分析影响网店利润的因素指标，并且通过不断优化提升利润。那么影响网店利润的因素都有哪些呢？网店应该从哪些途径提升利润呢？

目的：以学助教，通过学生展示或回答，引导学生完善思维导图。

3. 新授内容：理解记忆，举例探索（网店利润预测——线性预测法）

（1）复习相关基础知识导入新课：在中学数学中，已知线性函数表达式 $f(x) = 2.5x + 1000$，举例求出明年的产量 $f(2020) = ?$

（2）提问：如何推导线性函数 $f(x) = kx + b$。

自然引出：介绍线性预测法。线性预测法是一种用来确定两个变量之间关系的数据建模工具。在实际的工作中，这种预测方法经常被用于测量一个变量随另一个变量的变化趋势。

（3）结合温州名购网进行案例分析操作。

现有数据为温州名购网1~6月实际运营情况，见表4-1。

表4-1　温州名购网1~6月运营数据分析

	A	B	C	D	E
1	月份	成交量	宝贝成本/元	推广成本/元	固定成本/元
2	1月	369	¥9,463	¥1,245	¥11,397
3	2月	412	¥8,599	¥983	¥10,412
4	3月	185	¥6,542	¥671	¥9,822
5	4月	204	¥7,246	¥802	¥10,462
6	5月	351	¥10,349	¥1,279	¥13,029
7	6月	342	¥9,877	¥1,073	¥11,734
8	7月	400			
9	8月	450			
10	9月	500			
11	10月	550			
12	11月	600			
13	12月	600			
14	合计				

在 Excel 表中操作线性预测法，求出网店上半年的利润、下半年的预计总销售额、预计总成本以及预计利润。

可以用 TREND 函数来作线性预测（见表4-2），该函数是返回一条线性回归拟合线的 y 值，即找到适合已知数组 Know_y's 和数组 Know_x's 的直线（用最小二乘法），并返回指定数组 New_x's 在直线上对应的 y 值。

表4-2 线性预测法 TREND 公式应用

C8			f_x	=TREND(C2:C7,B2:B7,B8:B13)	
	A	B	C	D	E	F
1	月份	成交量	宝贝成本/元	推广成本/元	固定成本/元	
2	1月	369	¥9,463	¥1,245	¥11,397	
3	2月	412	¥8,599	¥983	¥10,412	
4	3月	185	¥6,542	¥671	¥9,822	
5	4月	204	¥7,246	¥802	¥10,462	
6	5月	351	¥10,349	¥1,279	¥13,029	
7	6月	342	¥9,877	¥1,073	¥11,734	
8	7月	400	¥9,841			
9	8月	450	¥10,482			
10	9月	500	¥11,757			
11	10月	550	¥12,313			
12	11月	600	¥12,655			
13	12月	600	¥12,740			
14	合计					

下半年的预计总销售额：306528 元，预计总成本：155098 元，预计利润：151430 元。

（4）学生利用教师所给店铺实际运营数据和所学方法在 Excel 表中操作线性预测法，并输出数据报告。

目的：加深学生对知识内容的理解；训练学生的操作、分析能力；鼓励学生多观察、勤动手、善思考。

4. 作品遴选

任课教师与企业指导教师抽取部分同学制作的表格，并提问点评（依据：结果的准确度 70%+操作熟练度（速度）20%+作品的美观度 10%）。

目的：加深学生对知识内容的理解。

5. 模块小结

教师用思维导图对课程内容进行总结；学生跟随老师共同总结知识内容，画出思维导图，标出重点、难点和疑点。

目的：学生完成对知识的重构，融会贯通。

6. 作品选用

经过汇报、点评与修改，初步筛选出结论正确、建议可取的实用性报告，将数据分析结果与分析报告一并报送温州名购网运营人员，为温州名购网运营提供数据支撑。

（三）实施成效

本案例从真实的运营中提炼出典型的工作任务，应用于课堂教学，将"工作任务"转化成"学习任务"，以真实的工作任务驱动教学，引导学生通过完成工作任务来完成学习任务，进而提高学生实际分析能力。本次教学改革具有创新性、实用性和示范性。

（1）创新性。在整个教学过程中，从合作项目提炼教学任务，然后转化为学习任务，以校内专业教师为指导核心，以提高学生的专业技能、行业素养及创新能力为教学目的。通过教学改革实现了课堂教学与实际工作岗位需求相结合，践行学校教育服务于社会生产实践的教育理念。始终以培养学生专业技能和创新意识为出发点，根据商务数据分析行业的发展动态、企业的具体要求、"1+X"证书制度等因素的变化对教学内容、教学计划进行适当的、及时的调整，保持教学的新颖和实效。

（2）实用性。依托项目，将企业具体运营项目引进课堂，学生学习的素材来自项目。直接将项目中的工作任务作为上课内容带进实践课堂，保证了学生学习内容的实用性、前沿性和时效性。以完成真实的项目驱动整个教学过程，学生在探究和参与真实的企业项目同时完成《数据化营销》课程知识体系的建构和前沿知识的更新。让学生感受到了学习的实用性，使学生从被动学习变为主动学习，提高了学生学习的积极性和创造性。

（3）示范性。学生通过本课程学习的同时，还为浙江工贸职业技术学院国际商贸学院的温州名购网运营提供相关建议，真正学会了举一反三、融会贯通。《数据化营销》课程的绝大部分教学内容都来自校企合作项目，所有课程以温州名购网为平台，从校企合作项目中提炼出典型的工作任务，将市场分析、竞争分析、货品规划、运营规划等转化成教学当中的学习任务，学生通过完成企业典型的工作任务完成学习任务，达成学习目标。

（四）反思

《数据化营销》课程以温州名购网为主要教学平台，由真实的校企合作项目驱动整个教学过程，这种教学模式不仅实现了知识的传授、实践技能的培养，而且还实现了创新能力、解决问题的能力以及相互协作能力的培养，将学校、行业、企业有机结合起来。这种教学模式培养的学生，在校期间就能接触并完成很多企业项目，熟悉未来就业岗位的工作职责，掌握就业岗位需要的知识和技能，毕业之后能够很快地适应岗位工作要求，实现人才培养与社会需求的无缝对接。这种教学方式有利于实现高职院校工学结合的目标；有利于行业持续健康发展，服务地方经济；有利于企业减轻在员工培训方面投入的人力和物力，真正实现产教融合，多方共赢。

在此课程案例教学下，有四点值得思考的地方：

（1）学生数学基础较差，课前要安排一定时间补充相关多元线性函数知识，并结合实例讲清各个参数的经济学意义；

（2）多准备两组企业数据，有增有减趋势，让学生多见识，可能效果更好；

（3）尝试让学生之间互相评价作业中的模型优劣；

（4）当下还难有软件或平台可以对分析报表、报告进行自动化评分，目前任课教师与企业指导老师的点评存在一定的人为因素。

第三节　课程体系改革

案例六　"岗课赛证创"融通，培养四有外贸人才

——以《跨境电商实务》课程为例

"立德树人"是当今高等教育共同面对的重大时代命题。习近平总书记在2016年全国高校思想政治工作会议上强调指出，高校立身之本在于"立德树人"。2020年6月，教育部《高等学校课程思政建设指导纲要》明确指出，要深刻认识全面推进高校课程思政建设的战略意义，充分发挥好专业课教师"主力军"、专业教学"主战场"、专业课堂"主渠道"的作用，使专业课和思政课同向同行。

教学团队在《跨境电商实务》课程中，深入落实"立德树人"根本任务，以培养具有良好文化素养、职业素养和创新能力的新型外贸人才为目标，系统提炼人才培养中必须达到的课程思政元素，基于跨境电商"岗课赛证创"五个教学维度，从人才培养方案、课程标准、评价体系、课堂教学等方面进行课程思政的路径探索，做到专业课程与思政教学有机融合。

（一）教学案例课程概况

1. 课程概况

《跨境电商实务》是国际经济与贸易专业的核心课程，主要培养具有较强职业能力、专业知识和良好职业素质的跨境电商专员。通过本课程的学习，学生能理解跨境贸易电子商务的基本概念、基本政策，熟悉跨境第三方操作平台规则，掌握跨境电商操作基本工作流程，具备跨境店铺运营管理、客服服务和电商操作技术等业务能力。

2. 课程目标

专业在 2016 年就开设了《跨境电商实务》专业课，通过打造引领"数字化新外贸"的跨境课程，以培养跨境电商数字化运营人才引领跨境新业态的发展，促进更高水平、更高质量、更高层次的对外开放新格局。课程目标如图 4-8 所示。

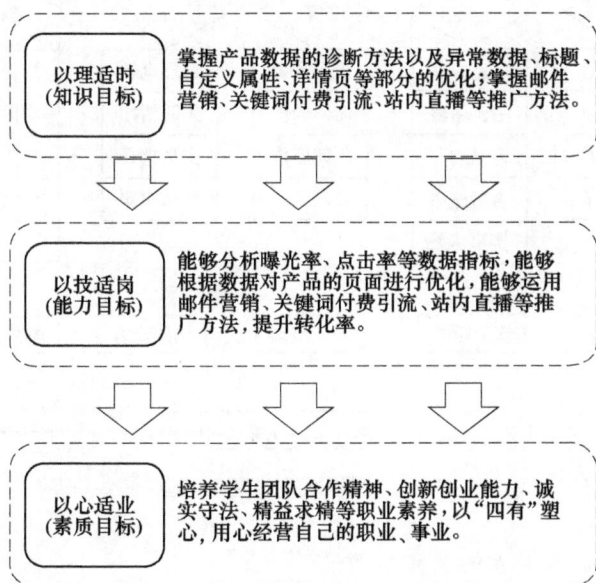

图 4-8 《跨境电商实务》课程目标

(二)"岗课赛证创"融合的思政元素融入路径

教学团队将结合目前高职跨境电商的课程教学，特别是针对课程思政教学的现状，从"岗课赛证创"五个维度出发，强化跨境电商类课程实操教学；深度融入课程元素和教学，提升跨境电商类人才培养的职业素养，探讨如何将课程思政的理念和政策落实到具体的教学实践中，强化课程育人功能，提升课程育人实效。

1. "岗课赛证创"融合的课程思政模型设计

在"顶岗实习"环节中，以顶岗中的典型跨境工作任务为活动载体，加强学生的爱岗敬业、团队合作等职业素养；在"课堂教学"中，学生分组在实战平台中操作锻炼，强化工匠精神、实事求是、合理竞争等职业素养；在"技能竞赛"中，团队通过跨境电商省赛的强化环节，更能培养学生的创新意识、团队合作等职业素养；在"考证培训"中，通过密集的"1+X"专业考证集训，锻炼学生的实事求是、工匠精神等职业素养；在"学生创业"中，优秀学子通过实战平台的创业，锻炼学生的社会责任、服务意识、文化自信等职业素养。课程思政的融入路径如图4-9所示。

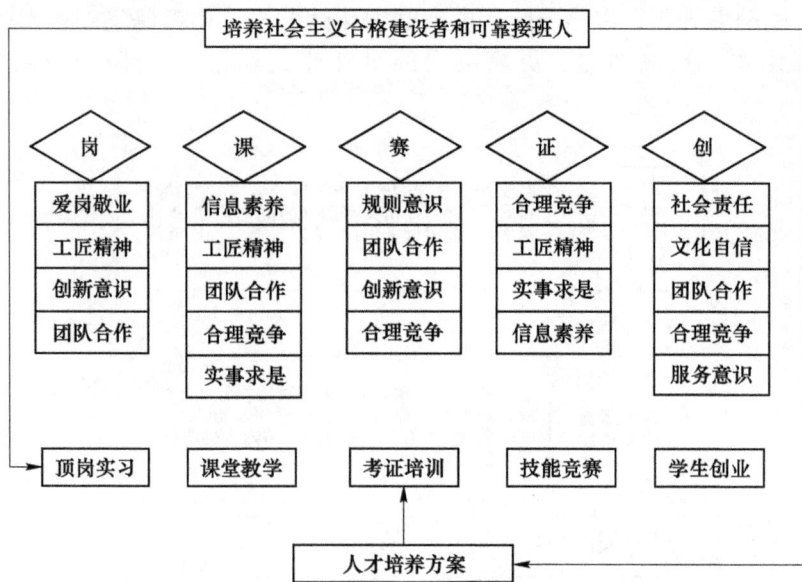

```
┌─────────────────────────────────────────────────────────────┐
│              培养社会主义合格建设者和可靠接班人                  │
└─────────────────────────────────────────────────────────────┘
     ◇岗◇        ◇课◇        ◇赛◇        ◇证◇        ◇创◇

   ┌───────┐   ┌───────┐   ┌───────┐   ┌───────┐   ┌───────┐
   │爱岗敬业│   │信息素养│   │规则意识│   │合理竞争│   │社会责任│
   │工匠精神│   │工匠精神│   │团队合作│   │工匠精神│   │文化自信│
   │创新意识│   │团队合作│   │创新意识│   │实事求是│   │团队合作│
   │团队合作│   │合理竞争│   │合理竞争│   │信息素养│   │合理竞争│
   └───────┘   │实事求是│   └───────┘   └───────┘   │服务意识│
               └───────┘                             └───────┘

   ┌───────┐   ┌───────┐   ┌───────┐   ┌───────┐   ┌───────┐
   │顶岗实习│   │课堂教学│   │考证培训│   │技能竞赛│   │学生创业│
   └───────┘   └───────┘   └───────┘   └───────┘   └───────┘

                        ┌───────────────┐
                        │  人才培养方案   │
                        └───────────────┘
```

图4-9 课程思政的融入路径

2. 思政元素融入课堂的实施案例

课前，导入真实企业情境任务，选取跨境企业真实的案例，激发学生的探究学习兴趣。课中，教师在案例导入后，进一步以当前热点的时代问题为背景创设问题情境，进行课堂思政教育的渗透。课后，在课堂真实平台的团队小组任务完成后，教师再引导学生通过自己思考，加深对于课堂思政案例的理解，形成"导入、渗透、提升"的课程思政教学闭环，将课程思政的目标和专业人才培养的目标相结合。"产品标题优化"课堂思政元素的具体融入路径如图4-10所示。

3. 考核评价

（1）以前的考核评价。前几年国贸专业的跨境电商课程在考核评价体系上进行了大力度的改革，从传统的"一纸定成绩"的考核方式，到过程性考核与期末业绩汇报相结合的考核方式，但是整个考核评价体系里只包含了课堂表现、订单业绩、小组运营能力等基本的技能点考核，没有涉及任何"课程思政"的内在激励的考核制度，这也会弱化课程思政在跨境电商课堂中的重要程度。

（2）融入课程思政内在激励的考核评价。在教学过程中，一方面以课程思政元素融入为内在激励，引导学生双创素养的形成；另一方面以三全测评为外在激励，培养学生自主学习的习惯。

1）内在激励：围绕思政育人的目标，以"有民族自信、有品牌自信、有诚

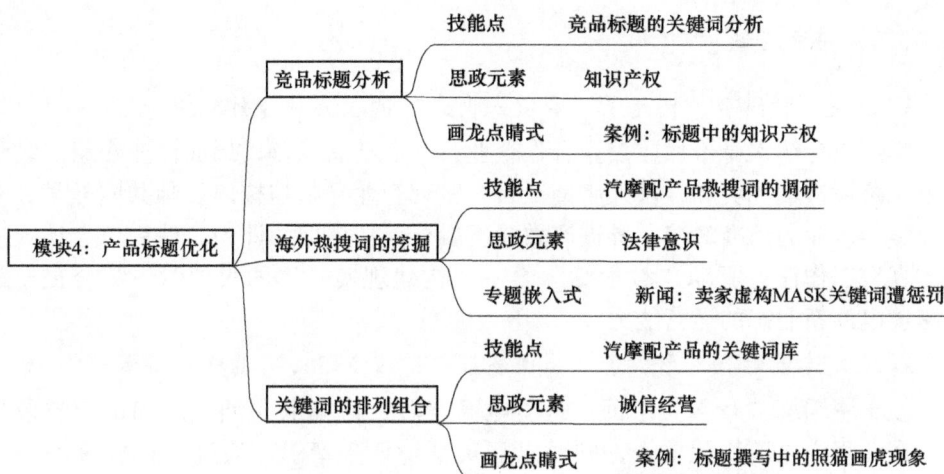

图 4-10 "产品标题优化"课堂思政元素的具体融入路径

信意识、有服务意识"为 1 条主线，挖掘 N 个相关思政元素，以教学内容设计和学习空间营造两种路径融入，形成"1+N+2"的课程思政教学模式，促进"四有"跨境外贸人的培养成效。

2）外在激励：依托学习平台、操练平台，构建"三全"评价体系，即全员（教师、学生、企业）评价、全过程（课前、课中、课后）评价、全维度（知识、能力、素养）评价，实时评价学生的学习行为、知识掌握程度、技能达成水平。

内外激励评价如图 4-11 所示。

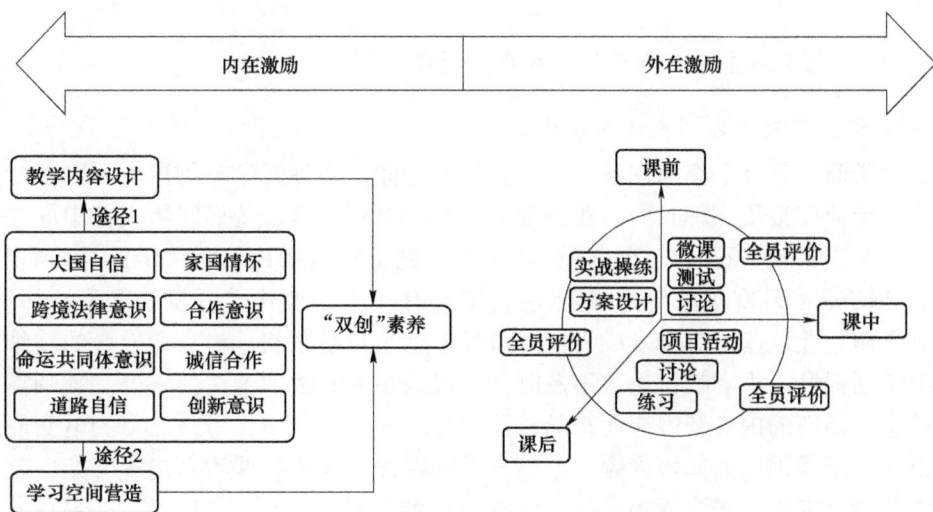

图 4-11 内外激励评价

(三) 特色与创新

1. 立足产教融合，构建了"合伙人模式"的理实融合新路径

学生以合伙人身份加盟校企合作企业，开展产品经营，形成创业小组。教学中依托跨境模拟平台和合伙人店铺平台，实现企业导师与校内教师共同教学，实现教学与产业的精准对接，推进产教深度融合。在课前、课中、课后以合伙人店铺的真实工作任务驱动"教学练"合一，构建理实一体的大课堂，综合提升学生跨境电商新业态的运营能力。

2. 立足专创融合，形成了"岗课赛证创，四步驱动"的教学新模式

教学中围绕"1+X"考证、跨境电商竞赛、跨境电商创业的知识与技能要求，在课程中以模块化融入，同时以真实情境任务牵引，通过"诊探练测"四步驱动，递进式推进教学，全面提高学生的双创能力。

案例七 "1+X" 证书制度下电子商务专业的"岗课赛证"融通探索

2019 年，教育部在职业院校启动"学历证书+若干职业技能等级证书"制度的试点工作，倡导学生在获得毕业证书的同时积极考取若干职业技能等级证书，为未来的职业发展添砖加瓦。在电子商务专业的教学中，一直在不断探索满足社会需求的人才培养模式。"1+X"证书制度建立的初衷是对人才培养模式的变革，旨在深化产教融合、培养复合型人才、构建与完善通用的国家资历框架。我院电子商务专业积极参与职业院校"1+X"证书制度考核，在专业人才培养上面不断探索新路径，以期培养更多符合企业需求的高技能专业人才，助力电子商务产业发展。

(一) 电子商务专业课程教学存在的问题

1. 专业课教学内容更新速度快

电子商务是一个充满创意、不断创新的行业，各种新生事物层出不穷，专业知识更新速度很快。现有的专业课程需要及时更新内容，例如网店运营中的一个淘宝营销工具从钻石展位（2009~2015 年）到智钻（2016~2019 年），再到现在的超级钻展（2020 年至今），5 年左右就会有一个大变化，更新速度不断加快。随着电商行业从蓝海市场发展为红海市场，竞争日益激烈，对专业教育的精细化要求不断提升。很多教材更新不及时，难以满足专业教师上课的需要。教师需要自己组织最新的内容开展专业教学，花费时间多，见效慢。另外，新的电商专业课也在不断涌现，例如短视频、电商直播等课程。这些新课程自出现开始，就有极大的社会需求，需要教师先学习掌握，才能够教授学生。"1+X"证书目前是教育部门大力支持的项目，大量高端人才和企业参与组织活动，证书的考核内容

应根据当下的社会需求作出相应的调整，提高考核内容的针对性和时效性。

2. 专业课教学理论重于实践

当前专业教材大多是高校教师编写，重理论而轻实践。任课教师一般独自负责一门课，独立建设相关教学资源，没有经过几年的积累很难有丰富的教学资源，教学方法运用也不够灵活。许多专业课以理论教育为主，尽管有一些实践操作，但很多脱离企业实际工作岗位的需求，实践性不足。高职学生大多不喜欢理论性过强的课程，上课效果差，需要理论结合实践才能激发学生的学习兴趣，让学生获得更大的收获。虽然实操模拟系统能够给予学生锻炼的机会，但是需要大量的资金与人力投入，对于学校的财力要求很高。另外，教师编写的教材理论性过强，而企业的培训素材往往存在非系统性的问题。在这方面，"1+X"证书的学习内容设置相对完善。"1+X"课程大纲的编写人员涵盖行业专家和课程专家，通过理论与实践相配套，可以较好地实现用理论指导实践，用实践检验理论，再用理论升华实践。

3. 企业需要重新培养实习学生

在认知实习、跟岗实习、顶岗实习、毕业实习等实践课程中，大部分学生掌握的专业技能还不够扎实，无法灵活地运用到实际工作中，很多技能都需要企业导师手把手重新培养。虽然学生在一些专业课程中已经学习了一些岗位技能，但是随机应变能力较弱，需要在岗位上重新学习。"1+X"证书在设计时就从岗位的典型工作任务出发，通过理论知识的教育与实操技能的培训来强化学生的岗位技能。

（二）电子商务专业"1+X"证书制度推进问题分析

2019年电子商务专业积极参与证书试点的申报工作，申请了电子商务数据分析、网店运营推广两个"1+X"证书考核试点，2020年与市场营销专业联合申报了呼叫中心与客户服务管理的"1+X"证书考核试点。目前，电子商务专业已经成功组织两批学生参与证书培训与考核。在组织"1+X"证书培训的过程中，一些问题凸显了出来。

1. 学生对"1+X"证书的了解不足

目前"1+X"证书的培训还没有组织专门的大会统一向学生介绍所有的证书类型以及培训安排，都是通过开课老师的介绍动员学生报考，造成很多学生对"1+X"证书的内涵不是很了解，在报考时喜欢盲目跟风。一些学生会根据考试的难易程度来进行选择，在报考时表现不积极。目前和电商专业相关的证书在不断增加，由于课程开设时间以及是否申请试点院校的限制，学生选择性较少，无法根据自身的兴趣爱好和职业规划，有针对性地选择适合自己的职业技能等级证书。由于学制限制，大家报考证书的机会不多，目前毕业生一般最多有两个"1+X"证书。

2. 考证课与专业课程融合度不高

目前电子商务专业参与了网店运营推广、商务数据分析以及呼叫中心与客户服务管理3个"1+X"证书的培训工作。"1+X"呼叫中心与客户服务管理的教学目前有纳入电商3+2班级的人才培养方案，"1+X"商务数据分析证书在数据营销课程中讲授，"1+X"网店运营推广证书尝试着融合到网店推广课程中。但是，考证培训目前与专业课程仍旧脱离，主要是通过专门考证培训的形式进行学习，造成考证课与部分专业课存在重复教学、学生超负荷学习的问题。

3. 证书培训的应试性表现突出

"1+X"证书培训的内容由企业与高校专家联合开发，囊括了大量的实际案例。"1+X"证书培训采用理实一体化教学，将理论与实践相结合，实践部分有专门的模拟考试系统供学生练习，在实践性方面比专业课程更强。学生必须实现理论考核与实操考核两个都合格才能拿到相应的证书。但是，考试教育的应试性特征使得学生在学习的过程中会不自觉地只关注考试内容。很多学生会用死记硬背的方式来应对考试，喜欢在考试之前突击学习。并且，证书考核通过率的要求使得一些老师在教学过程中会侧重考试要求的内容。其实，证书考核只是模拟真实场景，考核一些重要的内容，但是现实的工作环境远比考核内容更加复杂，不是掌握部分要点就可以，一些学生存在高分低能的现象。

（三）电子商务专业"1+X"课证融通路径

1. "1+X"证书与专业课程相关性分析

"1+X"证书制度的提出实质是对课程改革的倒逼，是对以往课程内容组织方式的修正，引导学生在关注知识系统性的同时注重行动环节之间的逻辑关系、产生方式和对职业行动能力的整体构建。经整理，和电子商务专业相关的"1+X"证书有30个，分别对应网店推广、数据营销、客户服务管理、跨境电子商务、视频剪辑技术、新媒体短视频创作、网店美工、Photoshop图片处理、电商直播、新媒体运营、移动营销、文案策划、移动电子商务、农产品电子商务等课程，详见表4-3。

"1+X"证书与专业课程的对应形式多样。一些"1+X"证书只涉及课程的一部分内容，例如网店运营推广"1+X"职业技能等级证书只包含网店推广课程中的搜索引擎优化、搜索引擎营销以及信息流广告。一些"1+X"证书的内容涉及多门课程，例如数字影像处理"1+X"职业技能等级证书既涉及图片处理又涉及视频剪辑两方面的内容。社交电商运营、汽车电商服务平台运营和管理"1+X"职业技能等级证书与电商专业高度相关，但是目前没有开设相关的课程。所以，"1+X"证书并不能直接替代现有的专业课程。

表 4-3　"1+X"职业技能等级证书对应专业课程

序号	"1+X"职业技能等级证书	对应专业课程
1	网店运营推广	网店推广
2	电子商务数据分析、数据营销	数据营销
3	呼叫中心客户服务与管理、电子商务客户服务、中文速录	客户服务管理
4	跨境电商 B2B 数据运营、跨境电子商务多平台管理、跨境电商海外运营、跨境电商 B2C 数据运营	跨境电子商务
5	数字影视特效制作、数字影像处理、短视频数字化运营	视频剪辑技术、新媒体短视频创作、网店美工、Photoshop 图片处理
6	网络直播编导、网络直播技术、网络直播运营、直播电商	电商直播
7	媒体融合运营、新媒体技术、融媒体内容制作、新媒体运营、自媒体运营、新媒体编辑、移动流媒体技术、新媒体营销、数字营销技术应用	新媒体运营、移动营销、文案策划
8	移动互联网运营	移动电子商务
9	农产品电商运营	农产品电子商务

2. "1+X"证书与专业课程融合

"1+X"证书在课程内容设计上集合了大量专业领域内的高校专家以及企业专家的集体智慧。很多证书专门设计了学生实操系统，弥补了理论过重、实操欠缺的不足。另外，"1+X"证书的考核内容会根据社会发展不断更新，也方便专业教师寻找新的教学素材。"1+X"证书在知识内容与实训练习方面提升了专业课程的质量，能够帮助学生不断提升职业技能。

为了更好地提升学生的职业技能水平，"1+X"证书与专业课程的融合需要从课程、证书、竞赛、岗位等方面进行机制保障，从而实现"岗课赛证"融通。

（1）教师会才能学生会。任课教师先要学习并获得相关"1+X"证书，全面掌握"1+X"证书培训内容，获得"1+X"培训师资格。

（2）"1+X"证书内容融入专业课程。教师可以将"1+X"证书的资源作为生动的教学素材，在课程中融合相关的"1+X"证书内容，特别是试点证书内容，取"1+X"证书中的精华融入专业课程设计中，从而提升专业课程的含金量，更好地培养学生的职业技能。例如，可以根据"1+X"证书的理论知识，补充课程知识；可以参照"1+X"证书工作任务优化实训任务，增加专业课程的实操性。

（3）技能过关还需证书赋能。学生通过学习专业课程掌握基本的职业能力，学优者可以参与"1+X"证书考核，用专业的测试来检验学生的技能。教师对考证学生进行考试培训，帮助学生顺利拿到证书，甚至是高分拿到证书。通过考核，学生就可以拿到培训组织颁发的职业技能等级证书，证明自己的职业技能。

（4）专业竞赛实现技能拔尖。拔尖学生可以推荐参与培训组织举办的相关竞赛。例如，华唐集团已经举办了三届全国职业院校"华唐杯"呼叫中心客户服务与管理技能竞赛，这个竞赛与"1+X"职业技能等级证书配套。通过参与竞赛，磨炼并提升学生的职业技能。

（5）理论联系实际，提升岗位技能。学校要向实习企业宣传介绍"1+X"证书，让实习企业了解学生的职业技能，使获得证书的学生可以获得学校的推荐与企业的信赖。为了进一步提升学习效果，建议学生的实习工作与证书挂钩，将所学知识投入实践中，理论联系实际，将知识内化于行。学生可以在中期实习、顶岗实习、毕业实习时选择与"1+X"证书相关的工作岗位，提升自己的岗位技能，为未来就业做准备。"1+X"证书与专业课程的融合机制如图4-12所示。

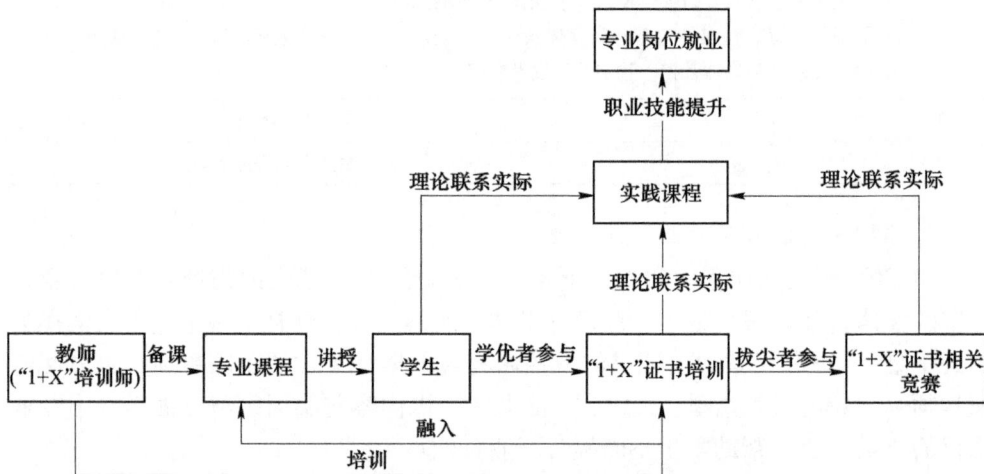

图4-12 "1+X"证书与专业课程的融合机制

（四）结语与展望

通过"1+X"证书与专业课程的融合机制，从课程、"1+X"证书、竞赛、岗位四个方面层层递进，能够提升电子商务教学内容的及时性，增强专业教育的实践性，培养企业需要的岗位人才，促进"岗课赛证"融通，提升教师的专业性、课程的教学质量以及学生的职业技能水平，增加对"1+X"证书学习的深度。未来希望"1+X"证书培训课程能够走出专业，让更多的学生学习，增加"1+X"证书学习的广度。可以尝试在专业群内部以专业拓展课的形式开展"1+

X"证书自由选择，后续可以推广到学校其他专业，甚至以选修课的形式向全校推广，培养更多的复合型技术技能人才。

案例八 POA 理念下的《"1+X"实用英语交际能力考试》课程教学设计

"1+X"证书制度不仅仅是考证培训，而是根据国家需要，服务市场需求、提高学生就业能力的重要职教改革。我校商务英语专业于 2021 年秋季学期开展"1+X"实用英语交际能力证书考试（VETS）试点。围绕考试大纲，采用 POA 英语教学理念，对我校商英 2019 级学生进行了共 9 周的考前培训教学，有效提高了学生语言交际能力，取得了一定的成效。

（一）教学改革的背景

我校"1+X"VETS 考试培训的对象为商英 2019 级学生，经过 2 年在校专业学习，学生已具备较好的语言知识和能力，但在以下方面仍然薄弱，尚不能完全达到社会对人才能力的需求。

（1）专业知识较全面，但对职场缺乏认识，对产业和行业新趋势、新发展了解少；

（2）英语知识掌握较好，但典型工作任务下英语应用能力不强，实践能力较薄弱；

（3）英语语言技能较强，但尚不完全具备职场需要的职业知识、技能与素养，需要在实践中进一步提升。

上述问题，"1+X"VETS 在培训教学中要重点加以解决。教学改革的重点在课堂教学，经过探索，采用目前较流行的 POA 英语教学可有效解决以上问题。

（二）POA 教学理念和 VETS 教学实施

1. POA 英语教学及其优势

产出导向法 POA（Production Oriented Approach）最早由我国外语教育专家文秋芳教授提出。从早期的输出驱动假设，到输出驱动-输入促成假设，再到完整的 POA 教学体系的形成，具有较高的科学性和实践性，极大地推动和指导了我国的外语教学改革。其理论体系如图 4-13 所示。

POA 理念贯彻学习为中心，学用结合无疑更符合职业教育实际；教学过程中以任务为起点，以结果（产出）为导向，利于驱动学生的学习活动。同时，POA 教学强调知识的输入，以输入来促成输出任务的完成，具有很高的可操作性。总体来看，POA 符合了 VETS 培训的教学，具有实践的可能性。

2. POA 教学理念下的 VETS 教学流程

根据考试大纲规定的典型工作场景下的能力要求，将课程教学内容划分为 5

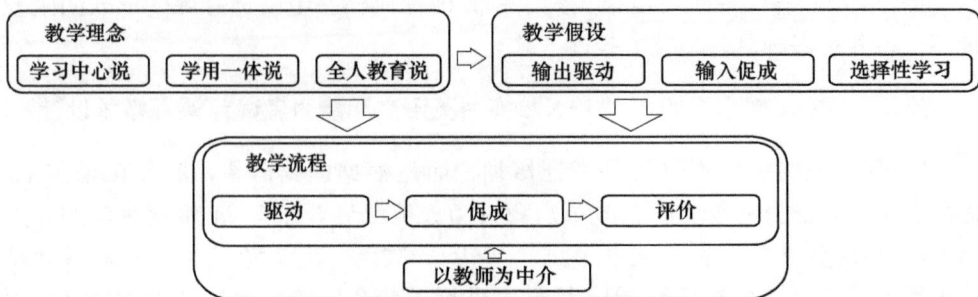

图 4-13 产出导向法理论体系

大工作场景下的 10 大典型工作任务，针对每项工作任务制订能力目标，确定培训模块。每个模块的教学贯彻 POA 教学理念，采用情景教学、任务式教学、案例教学、小组讨论等教学方法。每个模块教学流程图如图 4-14 所示。

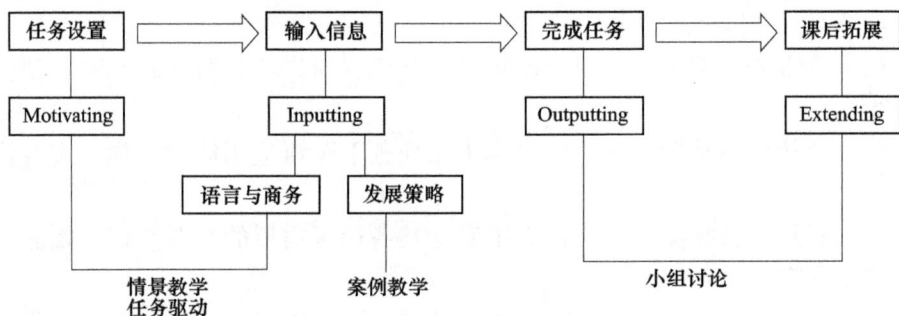

图 4-14　POA 理念下 VETS 教学流程图

　　POA 教学理念的核心是产出导向和任务驱动，在模块教学开始必须设置情景，让学生了解具体职业场景和角色安排，明确学习目标和产出任务，以任务驱动教学。围绕任务的完成，在不断地探索中学习知识，在完成任务过程中提升交际技能。

　　信息输入包括语言知识和完成任务所需的策略知识的输入，针对完成任务所需的知识和学生已有能力之间的差距，为学生搭建知识和发展策略的桥梁。此过程主要以具体职场情景下的听、读任务教学为主，让学生掌握该职场情景下的词汇、短语、句型等语言知识；通过案例教学让学生掌握商务知识，剖析案例文本结构，为后续完成口述和写作交际任务搭建脚手架。

　　学生在输入基础知识时，就可以开始完成口述或写作任务。此步骤重点是为学生搭建输出的渠道或平台。口述和写作任务，重在进行评价（Assessing）和反馈（Feedback），采用小组评价和教师评价相结合。对学生的口述和写作成果，进行打分并给予反馈意见。最后，学生根据反馈意见，对口述和写作成果进行改进和提升。

课后拓展主要围绕模块内容，学生自主完成相关的听、读、学习任务，学生先自主完成，再进行小组讨论、校对。课后拓展环节目的是进一步拓展学生的听、读能力，拓宽商务知识面，巩固单元所学知识和技能。

3. POA 理念下的教学实施

"1+X" VETS 课程教学紧扣考证大纲和社会人才能力需求，围绕工作任务采用模块化教学，按照 POA 理念实施教学。下面以模块 1——Report an Activity 为例，阐述具体教学过程，见表 4-4。

模块任务背景：X-Tech 是一家国际公司，员工来自不同的文化背景。为增强员工之间的沟通，公司行政部副经理 Cathy Zhu 组织实施一系列的公司团建活动，并于团建活动后，就团建活动情况向公司经理层做口头汇报。围绕本模块的产出任务（口头汇报），结合实际学情，实施表 4-4 中的教学活动。

表 4-4 模块 1——Report an Activity 教学设计与实施

产出任务	就公司的团建活动，做口头汇报		
教学目标	（1）明确产出任务；（2）了解公司团建活动信息；（3）掌握团建活动英语用语；（4）了解口头汇报的结构和策略；（5）整合信息，进行口头汇报		
教学内容	（1）导入场景，代入角色；（2）完成精听、精读任务，获取团建信息；（3）口头汇报的结构和语言特征；（4）准备口头汇报；（5）评价、修改、完善口头汇报		
教学重点	（1）从听团建专家的开场白和读 Cathy Zhu 的活动总结文章中获取团建活动信息；（2）用流畅的英语、自信的仪容汇报团建活动情况		
教学难点	组织和整理团建活动信息，进行口头汇报		
教学实施过程		教师活动	学生活动（小组）
	任务驱动 Motivating	导入职场场景，引导学生代入角色 Cathy Zhu，任务驱动：Imagine you are Cathy Zhu, what preparations will you make before making the oral report?	（1）跟随教师明确场景和角色；（2）跟随教师明确学习目标和任务；（3）针对完成任务前需要的准备工作，展开小组讨论，选取小组发言，记录讨论结果并对照教师布置的具体工作进行修改
	输入促成 Inputting	安排学生听团建专家 Robert Lee 的开场介绍；协助学生解决听力中遇到的语言问题及解释有关文化和商务知识点	精听一段团建活动开场白，在完成听力练习题的同时，获得团建活动的具体信息和安排

续表4-4

		教师活动	学生活动（小组）
教学实施过程	输入促成 Inputting	安排学生阅读有关团建活动的文章，协助学生解决阅读中遇到的语言问题及解释有关文化和商务知识点	阅读文章，在完成阅读理解练习任务的同时，进一步获得团建活动的具体信息和安排
		带领学生回到最初的讨论问题，引导学生讨论、总结和汇报	第二次小组讨论，在初次讨论的基础上，根据精听和精读任务，列出口头汇报这次团建活动可能需要用到的详细英文信息
		安排学生阅读口头汇报的结构说明（Explanation）和一份口头汇报范文（Sample oral report），协助学生熟悉口头汇报的结构和语言策略	跟随教师，完成 Explanation 和 Sample 的阅读任务，掌握汇报的结构和语言策略
		引导学生完成团建活动汇报所需要的具体步骤	小组讨论
	任务输出 Outputting	倾听学生讨论结果，带领学生根据 Inputting 部分获取的信息，结合口头汇报的结构和语言风格，准备口头汇报的发言稿，随时解决学生遇到的问题	小组合作，准备口头汇报
	任务评价 Assessing	介绍口头汇报的要求，选择 2~3 个小组进行汇报，听取小组汇报，对各小组的汇报进行评价，并总结学生对小组汇报的评价	小组分别进行汇报，其他小组聆听并根据评分标准（包含主题内容、汇报结构、语言表达、演讲风格）进行打分
		对小组汇报进行总结、答疑；导入拓展学习任务	问题提问，记录课后任务
课后任务		（1）未能在课堂上作口头汇报的小组，自行录制视频或录音，并上传至超星平台进行课堂讨论，学生进行小组互评，选出最佳汇报；（2）根据互评结果进行订正、修改、巩固；（3）自主拓展 Extending 部分的任务	
课堂评价		课堂评价以学生的团建活动口头汇报任务完成情况为主，由小组互评（50%）和教师评价（50%）组成	

（三）POA 理念下 VETS 教学成效

"1+X" VETS 课程本学期属于首次授课，由于采用了 POA 教学，并在教学过程中不断探索、改进，顺利完成了"1+X"培训课程，达到了预订的培训目标。

（1）增加了学生对职场典型工作场景的了解，拓宽了商务和英语语言知识，掌握了完成职场交际任务的技巧和策略，为未来就业和职业发展打下了良好基础。

（2）抓住了 VETS 考试强调的实用英语交际能力核心，突出了完成交际任务能力的提升。提高了教学效率，在有限的教学课时内，完成了所有课程模块的教学内容。

（3）产出导向法符合课程教学特点，以产出任务为目标，有效驱动了学生的学习过程。成功地激发了学生的探索、分析、解决、完善问题的主动性，学生的综合能力和素质得到全面提高，自主学习能力得到培养。

（4）贯彻了学生为中心的教学思想，针对不同内容采用多种教学方法，保证了教学的质量。及时的评价和反馈，促进了学生不断的自我更新和完善。

（四）存在问题及改进思路

POA 英语教学对学生的自主学习、合作学习能力要求较高。实施之初，很多学生难以适应，教学配合也不够，完成交际任务的情况不够理想。因此，教师在培训之初应适时分解交际任务，调整教学内容，降低各个任务难度。在学生完成教学过程中，教师应给予更多的鼓励、反馈和帮助。通过完成各个交际任务，不断建立学生的自信，从而推动 POA 理念下 VETS 课程教学的高效、顺利实施。

第四节　实习实训改革案例

案例九　"1+X"证书背景下跨境电商实践类课程教学改革探索

——以《跨境电商 B2B 实务》课程为例

（一）课程教学改革实施背景

1.政策支持

习近平总书记在十九大报告中明确强调，完善职业教育和培训体系，深化产教融合、校企合作。加快一流大学和一流学科建设，实现高等教育内涵式发展。2019 年，国务院正式颁发《国家职业教育改革实施方案》明确提出在职业院校、应用型本科高校启动"学历证书+若干职业技能等级证书"（"1+X"证书）制度试点工作。

"1+X"证书制度中的"1"反映了高职学校教育的特征，既需要遵循普通高等教育的共性，又需要强调职业教育的特殊性，高职院校需要以当下的就业作为导向，培养出基础知识扎实、实操能力强的技能型人才。而"X"则更强调专业和技术方面的技能，更加反映了当前企业和社会的需求。"1"是基础，"X"是补充和强化。

2. 跨境电商"1+X"证书介绍

跨境电商 B2B 数据运营职业技能等级证书分为初级、中级、高级三个级别。强化本门课程的教学可以有助于学生获得"1+X"证书中级，即跨境电商 B2B 数据运营职业技能中级证书。证书持有人能够具有国际贸易和电商平台的应用知识，具备较好的英语语言基础，能从事跨境电商操作技能类工作和部分商务工作，如运营专员、助理外贸员等。

(二) 课程教学改革实践

"1+X"证书制度是产教融合的完美体现，高职学生在校接受学历教育的同时通过职业技能鉴定获得相应职业技能等级证书，有针对性地弥补学历教育在学生就业创业能力方面的不足，是职业学历证书在职业能力教育方面的补充、强化和拓展。

针对跨境电商 B2B "1+X"考证的内容，本教学团队对《跨境电商 B2B 实务》课程从以下几个方面进行了教学改革和探索。

1. 以"三制"为依托，找准课堂教学与"1+X"考证的契合点

"三制"指的是项目制、工作室制、导师制。即以校企合作项目为核心，以指导老师为主导，以学生为主体而展开的新型跨境电商人才培养模式。以"三制"为依托进行课堂教学改革，以学校和企业共同组建校企合作工作室的方式，以企业的产品项目作为教学内容展开为基础，跨境电商企业和国贸专业教师在共同培养高素质人才、共同开发专业课程、共同建设教学团队、共同拓宽就业渠道、共同建立保障机制等方面不断进行实践探索，积累经验，将最前沿的跨境电商实践知识技能传授给学生。充分利用企业的资源和学校教授的理论知识使学生实操能力不断增强，职业素养不断提高，成为能够满足企业的跨境电商人才。

在教学过程中，不断总结分析"1+X"考证的技能要求和专业内容教学的契合点，清晰把握教学内容与考证实操技能要求的关系。在教学的过程中，教师不仅要教授专业技能，还要培养学生的职业素养和创新意识，做到"岗课赛证创"的有机融合。图 4-15 以皮带项目为例，介绍了以"三制"为依托，《跨境电商 B2B 平台实务》课程的课堂教学改革思路。

2. 构建"四位一体"课堂教学模式

通过引入"1+X"考证实操练习中的企业真实案例，在课堂教学的过程中，以学生关注的、鲜活的现实问题作为切入点，引导学生进行深入的思考，从机制建设系统化、课程建设阶段化、主题教育模块化、日常指导个性化的"四位一

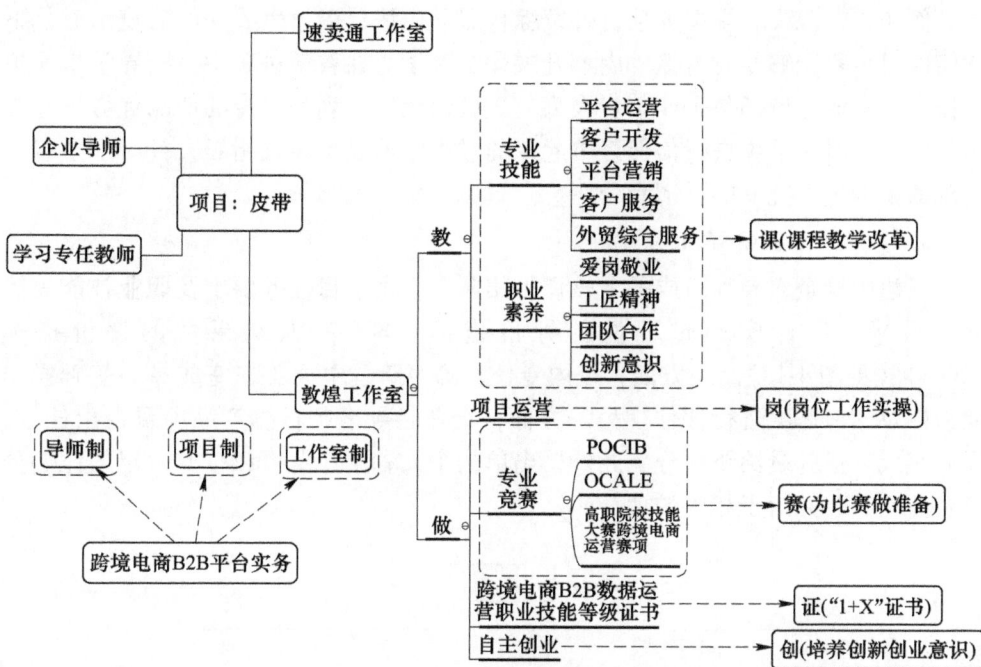

图 4-15 《跨境电商 B2B 平台实务》课程的课堂教学改革思路

体"全面展开实践行动。同时适时融入思政元素，培育学生的成才观、职业观和就业观，不断探索"四位一体"课堂教学改革的路径和方法，如图 4-16 所示。

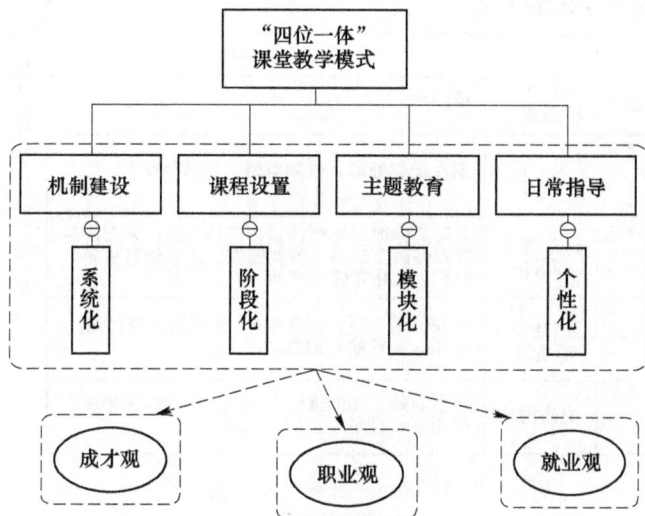

图 4-16 "四位一体"课堂教学模式

　　例如，在课程教学中的项目外贸综合服务模块，以学生关注的后疫情时代下如何确保买家能够及时付款等内容开展课堂教学。在教学过程中，引导学生无论是作为外贸业务员还是企业负责人都应该诚信经营，利用自身的产品优势进行合理竞争。同时在学生进行信保订单起草的过程中给予个性化指导，针对学生容易出现的错误进行统一的讲解和分析。

　　3. 改革教学评价环节

　　组建由校企双导师组成的考核评价团队。根据项目任务要求及职业技能等级标准要求，设计实施过程性的评价指标（80%）及结果性的评价指标（20%）（见图4-17）。一方面，校内专任教师对跨境电商工作室成员的基础操作能力以及学习态度进行评估。另一方面，企业指导老师根据产品项目提出任务，根据完成的任务量给予评分。此外，出单的个人和工作室可以按照一定的比例分享企业利润，并给予相应的加分。

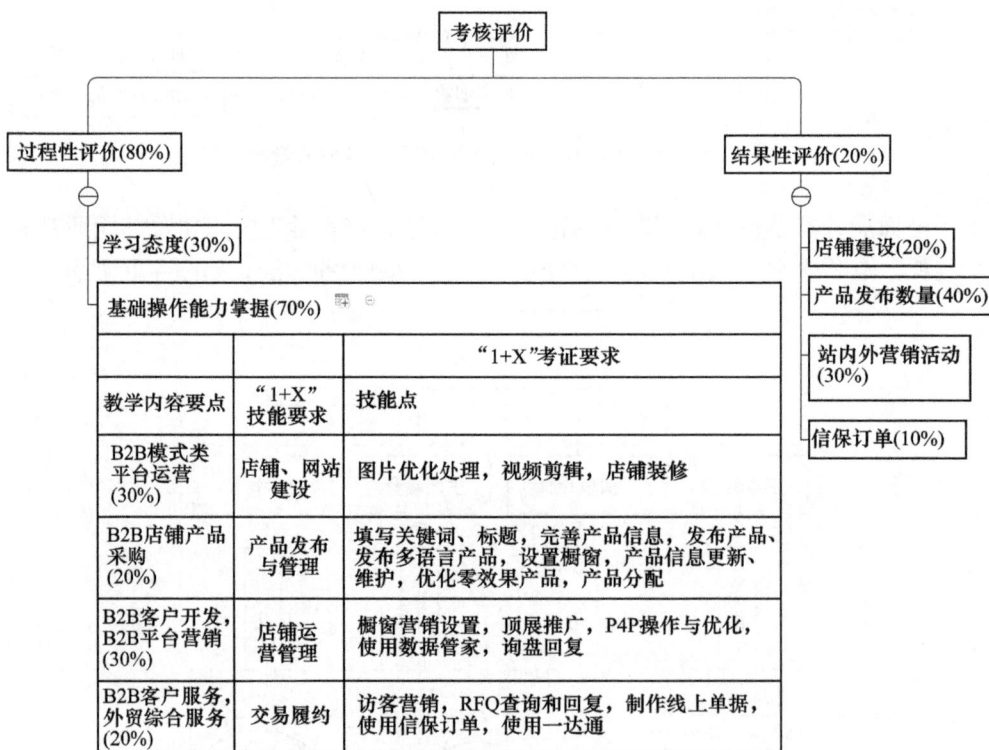

考核评价

过程性评价(80%)　　　　　　　　　　　　　结果性评价(20%)

过程性评价：
- 学习态度(30%)
- 基础操作能力掌握(70%)

结果性评价：
- 店铺建设(20%)
- 产品发布数量(40%)
- 站内外营销活动(30%)
- 信保订单(10%)

教学内容要点	"1+X"技能要求	"1+X"考证要求 技能点
B2B模式类平台运营（30%）	店铺、网站建设	图片优化处理，视频剪辑，店铺装修
B2B店铺产品采购（20%）	产品发布与管理	填写关键词、标题，完善产品信息，发布产品、发布多语言产品，设置橱窗，产品信息更新、维护，优化零效果产品，产品分配
B2B客户开发，B2B平台营销（30%）	店铺运营管理	橱窗营销设置，顶展推广，P4P操作与优化，使用数据管家，询盘回复
B2B客户服务，外贸综合服务（20%）	交易履约	访客营销，RFQ查询和回复，制作线上单据，使用信保订单，使用一达通

图4-17　教学考核评价

　　例如，在课程教学中的项目B2B模式类平台运营模块，根据学生在敦煌平台后台的实操完成情况给予相应的评分，通过过程性评价结果帮助学生分析其学习进度，促进学生的个性化成长。学生在产品发布这一模块，根据所学知识点，按照技能考证的要求进行实操练习，根据平台自动评估的结果，学生需要在产品详情内容描述方面进行改进，教师可以根据学生完成的情况给出改进意见。

（三）教学改革效果

1. 学生学习主动性提高，实操能力提升显著

"以学生为中心"是此课程教学改革的核心理念，不管是教学活动，还是教学设计，都力求做到把课堂中的跨境电商知识与职业技能考试的要求结合。在此过程中，极大激发了学生的积极性，学生的实操能力明显提升。通过总结一学期课程内容的学习成果，引导学生进行反思性学习。

2. 职业技能考试成绩丰收

在 2020 年的"1+X"跨境电商 B2B 数据运营职业技能等级证书（中级）考试中，国贸专业 2019 级学生的考证通过率达到 93%。绝大多数同学顺利拿到了"1+X"跨境电商 B2B 数据运营职业技能等级证书。

3. 加快教师角色转变

在课堂教学改革的过程中，专业教师在掌握本专业相关实践操作技能的基础上，把专业知识及操作技能融为一体，以完成各项教学任务。同时，在实践过程中加入对教学活动的体会，不断提升教师的实践教学能力。

教师所承担的角色不仅是传统的讲授者，角色是多变的。在初始阶段，教师所承担角色是活动的发起者，教师应当在充分理解课堂教学目的以及课程职业技能的基础上创建合理的课堂任务。在课堂中间阶段，教师所承担的角色是引导者，教师应从教学内容出发，提出相关的重点问题，引导学生参与任务。而在课程的最后，教师应是一名促进者，鼓励学生分享课堂成果，抛砖引玉，吸引学生参加到更多的社会实践活动中去，更好地完善自身的职业技能。

（四）教学反思

从实践看，基于"1+X"证书制度的课程改革工作已初见成效，但是也不可避免地存在一些问题，例如由于服务器的限制，站外营销计划具体实施有难度；用于教学实践的 B2B 平台有限等。接下来，还将进一步完善教学内容，并不断探索高校与企业的合作模式与合作机制，规范化、系统化地建设校企合作模式，完善校企合作制度，使资源进行合理的配置。依托"三制"，利用企业资源更好地为教学服务，同时在教学过程中利用在校师生的能动性给企业创造一定的经济效益。

第五节 教学团队建设探索

案例十 提"四力"，聚"四器"

——高职大学英语教师教学团队建设路径创新

（一）导语

高职大学英语教师教学创新团队是以立德树人为根本任务，在"突出应用、服务职场和驱动发展"的职业教育理念指导下，由知识与技能互补的专兼职教师和来自行业、企业的能工巧匠组成，能够运用创新思维探索分工协作的大学英语模块化教学模式改革、大学英语教材与教法改革，从而推动课堂革命的教学基层组织。在"力求精益求精，拓宽国际视野"团队文化的指引下，通过提升大学英语教师科研能力、提高大学英语教师教学能力、深化大学英语教师数字胜任能力和激发大学英语教师创新创业能力等路径，使大学英语教师团队建设成为大学英语课程建设的"提速器"；"1+X"实用英语交际职业技能等级证书的"助推器"；大学英语"三教"改革的"助跑器"；大学英语双师型队伍建设的"加速器"，即提"四力"，聚"四器"。

（二）建设路径

1. 大学英语教学面临的问题

以我省为例，各高职院校的各专业课时大幅降低，只在第 1、2 学期开设大学英语，大学英语课程俨然成为可有可无的课程；另外，以我校为例，2021 年普高生招生 1706 人，三校生 1680 人，比例接近 1∶1，三校生的骤增给大学英语教学带来了极大的挑战。而且，很多大学英语教师满足现状，工作积极性不高，教改氛围不浓。

2. 构建大学英语教师团队生态共同体——提"四力"

突破大学外语教师的发展瓶颈必须要构建生态化教师共同体，力求在专业发展、教学发展、个人发展、课程发展和组织发展等五个方面有所突破。大学英语教师教学创新团队教师生态共同体的构建体现在外语教师科研能力的提升、教学能力的提高、数字胜任能力的深化和创新创业能力的激发。通过学科建设提高外语教师的科研能力；通过课程建设提高外语教师的教学能力；通过现代信息技术与大学英语教学深度融合深化外语教师的数字胜任能力；通过自身语言优势与企业需求融合激发外语教师的创新创业能力。具体架构如图 4-18 所示。

3. 大学英语教师团队建设目标——聚"四器"

大学英语教师教学团队建设以服务学生设计课程，以服务专业补充教学，以

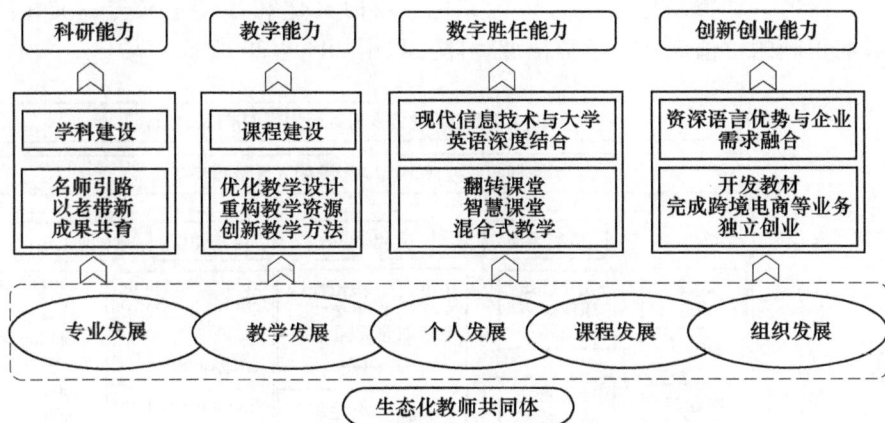

图 4-18 大学英语教师团队生态共同体

服务社会拓展学习，成为大学英语课程建设的"提速器"；融专业工作岗位，融大英授课内容，融学生素养培养，成为"1+X"实用英语交际职业技能等级证书的"助推器"；立足新课标，立足新教材，立足新媒体，成为大学英语"三教"改革的"助跑器"；结合专职教师有专长，结合兼职教师有擅长，结合企业导师有特长，成为大学英语双师型队伍建设的"加速器"，让结构化双师型团队建设的目标真正落地。大学英语教师团队建设目标"四器"模型如图 4-19 所示。

图 4-19 大学英语教师团队建设目标"四器"模型

4. 重组大学英语课程体系

大学英语课程建设应该是大学英语教师教学团队建设的主要抓手。在课程体系的构建上，大学英语教师教学创新团队落实新时期职业教育"立德树人"的人才培养任务，紧扣《高等职业教育专科英语课程标准（2021 版）》核心要求，从语篇理解、词汇知识、语法知识、文化知识方面横向拓展适用度，从职业与人、职业与社会、职业与环境三方面纵向挖掘话题深度，增强学生处理文化差异的意识和能力，加深对中华优秀传统文化、革命文化和社会主义先进文化的认同，形成正确的价值观。大学英语课程体系重组如图 4-20 所示。

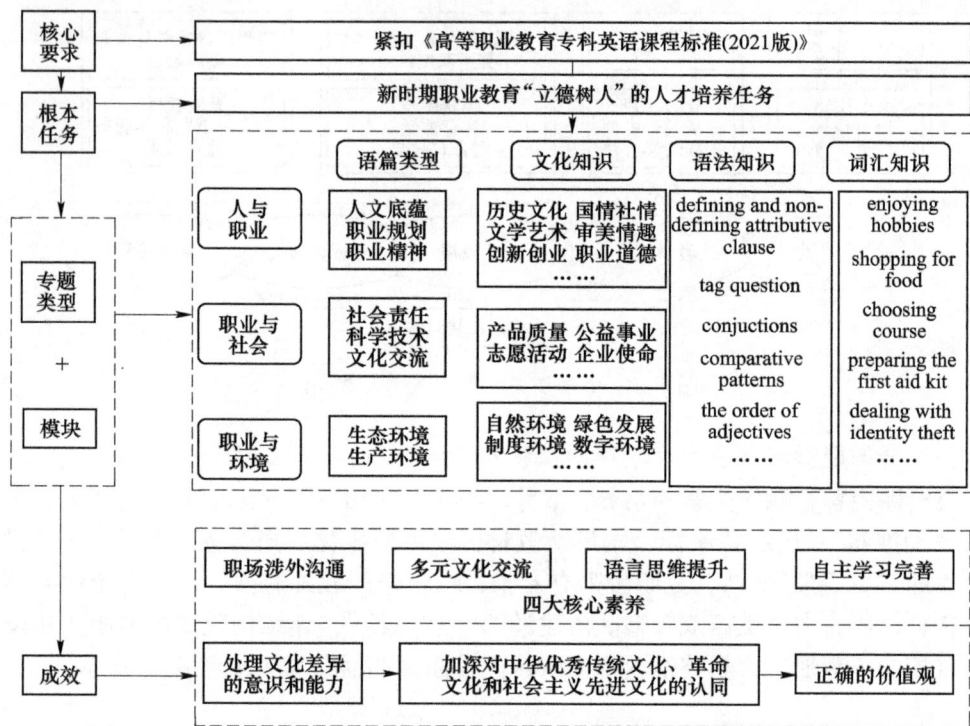

图 4-20　大学英语课程体系重组

5. 挖掘大学英语课程建设资源

在教学资源的建设上，团队充分利用信息技术手段，将文本资源、数字资源、融媒体材料有机结合，通过 iTEST 试题库、U 校园数字课程、外研随学APP、TOP 课件、电子教案等载体，切实提升教学效果和效率。大学英语课程资源分布图如图 4-21 所示。

（三）特色与创新

1. 教"学"有特色

学生是教学的中心，学生通过课前、课中、课后，即"三阶"学习，在教师导学、督学、助学、评学、展学、促学，即"六学"的主导下，有效完成学习任务；学生通过课前课堂、课中课堂、课后课堂和第二课堂，即"四课堂"，迅速提升听、说、读、写、译的语言交际能力；学生通过现代的信息化教学资源和实训平台，逐渐培养综合业务素养。"三阶六学四课堂"是一种以学生为中心

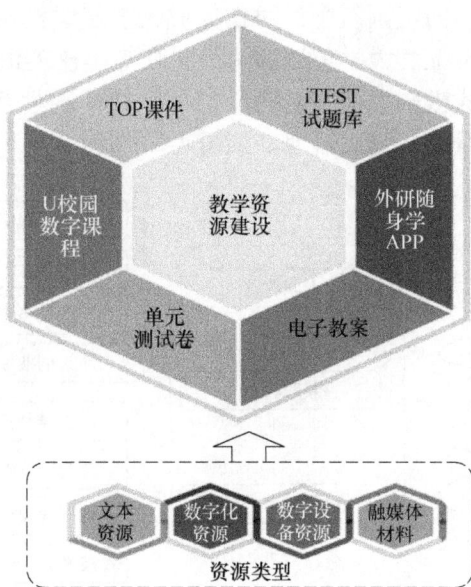

图 4-21　大学英语课程资源分布图

的教学模式，聚焦课堂，立足课堂，最终实现学生的全面发展。"三阶六学四课堂"教学模式如图 4-22 所示。

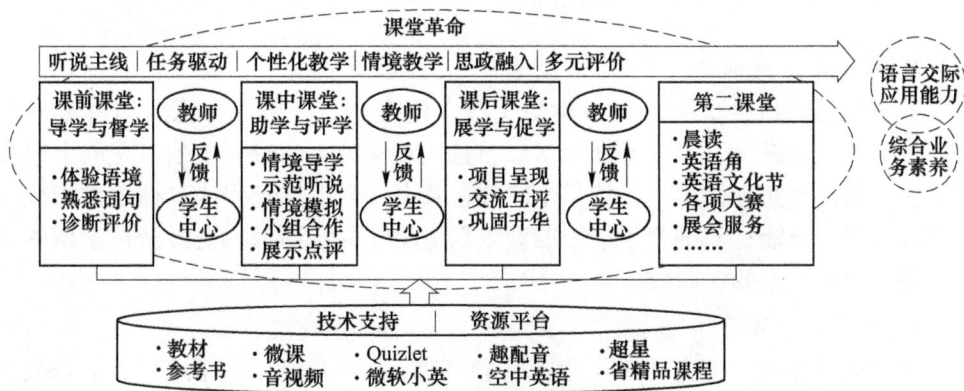

图 4-22　"三阶六学四课堂"教学模式

2. 教"师"有特长

根据学缘结构、年龄结构、职称结构、知识技能结构的不同，组成由专职教师、兼职教师以及企业教师为主体的"三师"团队。根据教师个人特长和教学特色，将教师分成若干小组，即教学实践组、教学研究组、社会服务组、创新创业组、产业导师组、技能大师组、管理专家组，以及技术骨干组，并对应不同的教学模块。通过团队不同组别教师的协作完成大学英语模块化教学、"1+X"实用英语交际职业技能考证、大学英语四六级和高等学校英语应用能力 AB 级辅导等教学任务，最终形成教师个体特色教学与团队整体教学互融互促的教学风格，让双师型教师团队建设目标真正落地，如图 4-23 所示。

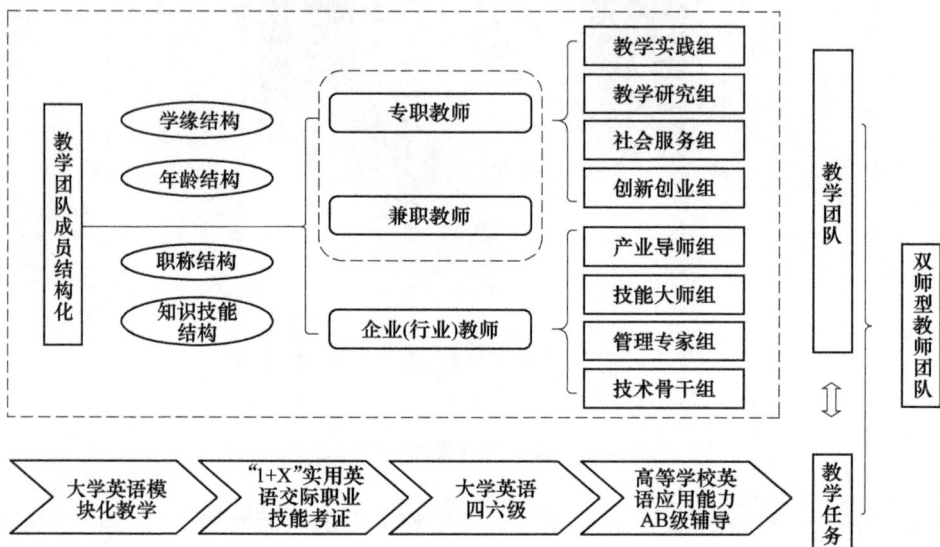

图 4-23　大学英语结构化双师型教学团队

3. 教"术"有特点

大学英语教师教学团队践行模块化教学模式，多人协作并探索多种教学新法，例如情景式教学、工作导向教学、项目式教学等；同时利用信息化教学手段和平台，创设真实工作情境，使学生能够在某个特定工作流程或具体工作岗位中操练英语语言技能；教师善于借用准确幽默生动的课堂用语，巧妙激发学生的学习兴趣，提高学生的学习效率。

4. 教"育"有特技

大学英语课程中落实"三全育人"教育理念，"五育"并举地培养复合型高技能人才是落实立德树人根本任务的关键。教师结合各专业人才培养方案，根据学生的学情，在遵循语言教学规律的基础上构建以课堂教学为主体，以课前线上思政导学和课后语言实践教学为两翼的"一体两翼"课程思政教学模式，如图4-24 所示。通过建立大学英语课程思政库，重新解构和重构大学英语教学内容，对接专业群（专业）课程标准，讲好中国故事，弘扬中国传统文化，培养学生树立正确的世界观、人生观和价值观。

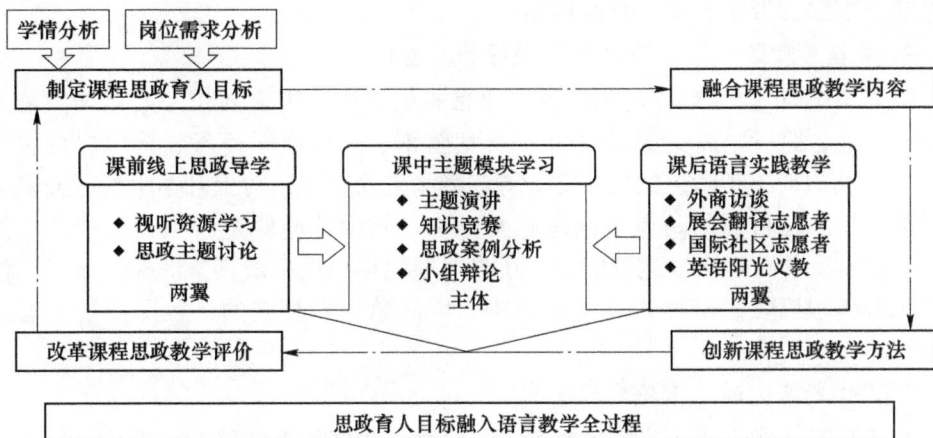

图 4-24 "一体两翼"课程思政教学模式

（四）思考与建议

大学英语教师教学创新团队建设任重而道远，团队内部提"四力"，团队外部聚"四器"，进而让分层教学重新回归教学实践；让高职教育专科英语课程标准（2021）真正落地；让"1+X"实用英语交际职业技能等级考试得到重视；让语言服务专业的愿景得以实现。

第六节　课程思政案例

案例十一　"岗课赛证创"融通下跨境电商课程思政实施路径研究

（一）背景与意义

1. 课程思政的重要性

习近平总书记在 2016 年全国高校思想政治工作会议上强调，高校立身之本在于"立德树人"。"立德树人"深刻揭示了教育的本质规律，指明了高等教育改革发展的方向。2020 年 6 月，教育部《高等学校课程思政建设指导纲要》明确指出，要深刻认识全面推进高校课程思政建设的战略意义，充分发挥好专业课教师"主力军"、专业教学"主战场"、专业课课堂"主渠道"的作用，使专业课和思政课同向同行。

当前"互联网+"已经成为一种新的经济形态，给职业教育发展带来了巨大的挑战与机遇。在"互联网+"的背景下，围绕课程思政进行积极的探索和实践，将教学育人的规律、学生的认知与成长规律和思想政治工作的规律相结合，具有非常重要的现实意义和时代价值。

2. 课程思政融入"跨境电商"课程的重要性

随着 2019 年全国跨境电子商务专业目录的新增，很多高校开始新增跨境电子商务专业，跨境电商类课程（外贸视觉营销、跨境电子商务、跨境电商 B2C 实务）是面向商科类学生的核心专业课，教学受众面广，对提升学生的就业具有重要的作用。在目前的跨境电商课程教学中，教师普遍侧重于项目流程化的操作，偏重学生的跨境店铺运营能力，还未普遍地将岗位中需具备的职业素养、诚信意识等课程思政元素融入日常教学中，因此急需对相应的课程深度融入思政元素。

3. "岗课赛证创"五维度的融入

为深化高技能人才培养模式改革，需要进一步围绕教学层面，进行"岗课赛证创"的一体化设计："岗"是课程学习的标准，课程设置内容要对接职业标准和工作过程，教师团队要探索分工协作的模块化教学组织方式；"课"是课堂教学，也是教学改革的核心，完善以学习者为中心的专业和课程教学评价体系；"赛"是指学生的各类技能竞赛，通过专业及行业的各类竞赛锻炼学生的能力；"证"是融通了各类"1+X"考证、技能证书、资格证书和等级证书等，将职业活动和个人职业生涯发展所需要的综合能力融入证书；"创"指学生团队的创业活动，在学生中选拔优秀的实战高手组成创业团队，带动专业学生积极的学习氛围。

（二）实施路径

1. 建立"导入-渗透-提升"的课程思政教学闭环模式

针对跨境电商面对未知国（境）外客户的课程性质，课前，导入真实企业情境任务，选取跨境企业真实的案例，激发学生的探究学习兴趣。课程思政需要润物细无声地贯穿到教学中，课中，教师在案例导入后，进一步以当前的时代热点问题为背景创设问题情境，进行课堂思政教育的渗透。课后，教师再引导学生通过自己思考，加深对于课堂思政案例的理解，形成"导入-渗透-提升"的课程思政教学闭环，将课程思政的目标和专业人才培养的目标相结合。

2. "岗课赛证创"五个维度的课程思政模型设计

在"顶岗实习"环节中，以顶岗中的典型跨境工作任务为活动载体，加强学生的爱岗敬业、团队合作等职业素养；在"课堂教学"中，学生分组在实战平台中操作锻炼，强化工匠精神、实事求是、合理竞争等职业素养；在"技能竞赛"中，团队通过跨境电商省赛的强化环节，更能培养学生的创新意识、团队合作等职业素养；在"考证培训"中，通过密集的"1+X"专业考证集训，锻炼学生的实事求是、工匠精神等职业素养；在"学生创业"中，优秀学子通过在实战平台的创业，锻炼学生的社会责任、服务意识、文化自信等职业素养（见图4-25）。这五个维度的教学延伸环节从不同维度培养学生的职业素养和职业道德。

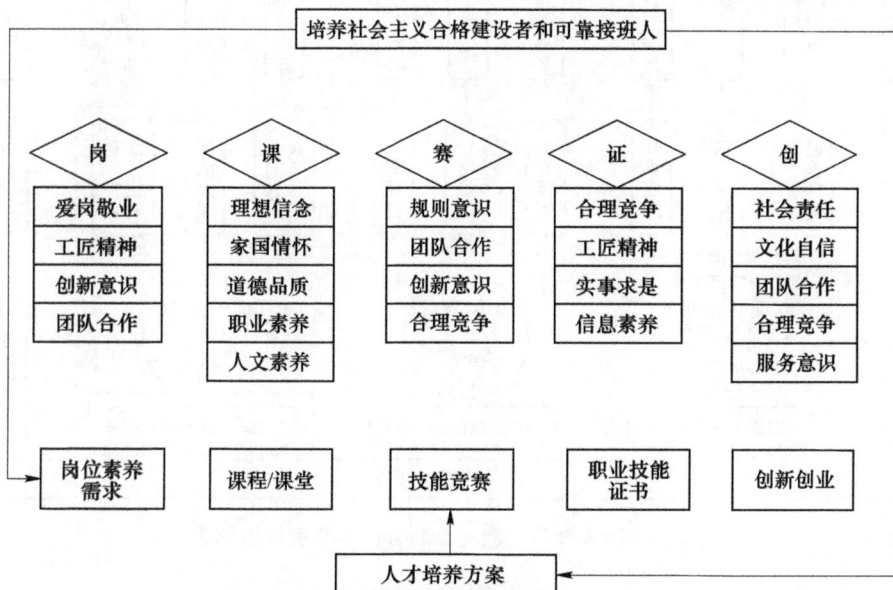

图 4-25　基于"岗课赛证创"的人才培养模式

3. 在课程教学评价体系中融入思政目标

根据跨境电商课程的双创素养培养目标及跨境电商运营岗位的职业素养要求，进行基于课程思政育人的教学评价体系改革。在保留原有对教学计划实施情况、学生专业知识掌握情况的教学评价的基础上，将思政目标体现在评价体系中，增加素质考核部分；并将学生的思辨能力、发现问题和解决问题的能力等职业素养融入其中，实现专业教育目标与思政教育目标的融合，如图4-26所示。

（三）进一步改革方向

1. 紧扣岗位技能标准设置课程内容

产业行业最新技术标准、岗位需求、用人数量，是职业院校人才培养的指南，只有校企强强联合，人才供给侧才能精准对接行业需求侧。因此，需要提高职业院校人才培养的适应性，使我们培养的学生能与经济社会发展和产业转型升级需要对接。

职业院校各专业要通过行业及企业调研，明确专业所对应的职业岗位或岗位群，以岗位为逻辑主线进行工作分析，通过对完成工作任务过程的系统化分析形成的工作项目来设置课程。通过课程整合、内容综合，按照"专业群"的建设

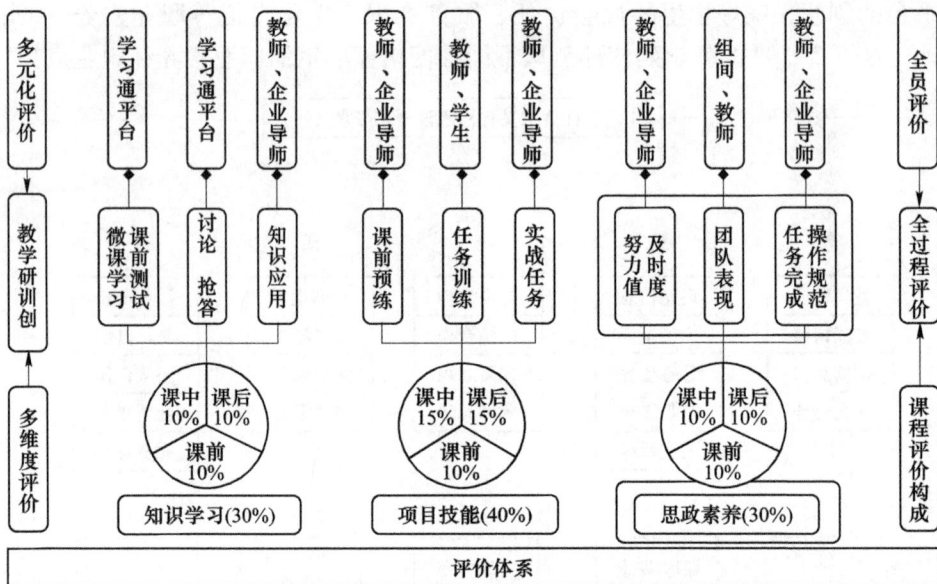

图 4-26　融入课程思政考核目标的多维度评价体系

理念和"岗课赛证创"融通的要求构建基于能力本位的课程体系。

2. 加强证课融通对接行业标准

证书是行业标准，"1+X"证书制度以岗位职业技能为需求导向、以岗位核心职业技能的掌握为问题导向和以高技术技能人才培养为目标导向，将职业教育与职业培训有机结合。因此，加强证课融通，可以倒逼职业院校课程以真实的工作任务为载体，融合企业的认证内容，以实际案例为对象，培养学生的分析和解决问题能力，使学生在获得学历证书的同时获得相应的职业资格证书，实现学历教育与职业培训相融合，畅通技术技能人才的成长渠道。

案例十二　疫情背景下"1+X+2"课程思政融入模式探索与实践

——以《采购管理》课程为例

疫情背景下，"学生停课不停学，教师停课不停教"，在学校"互联网+教学"方案的指导下，《采购管理》课程教学团队，一方面收集、整理、自建课程资源，采取多平台的方式开展在线教学；另一方面积极探索课程的思政主线与融入方式，使思政教学目标在课堂上"润物细无声"地落地生根。

（一）"1+X+2"课程思政融入模式

"1+X+2"课程思政融入模式，即"1"是指结合专业教育与思政教育确定专业课程的思政主线；"X"是指围绕主线收集多个相关思政元素；"2"是指采用前馈设计与现场设计两种方式进行课程思政的融入。

《采购管理》课程是物流管理专业的一门专业核心课程，其开设的目标是培养学生采购组织的优化能力、供应市场与需求的分析能力、制定采购计划的能力、采购谈判能力以及对供应商选择与评价的能力，还须培养学生的质量意识、安全意识、风险意识与成本意识等。课程教学团队从"四个意识"素质教学目标的角度，提出了把"做一个专业能力强，职业道德高尚的采购人"作为课程思政的主线，围绕这条主线，收集、整理与采购活动相关的思政元素，在直播教学中以前馈设计与现场设计的方式进行融入。

（二）典型思政案例素材

1. 案例一：隐翼天使，战"疫"先锋

一股看不见的抗"疫"力量，准备旅行的、探亲的群体放弃休假纷纷赶回中心集结，投入到抗"疫"一线工作中。他们便是温州市疾控中心后勤保障科的一群人。在科长朱阳杰的带头下，在春节放假前寻遍全国各地的供应商订购了一批符合标准的防护用品，做到有备无患。他们向领导汇报物资库存和采购情况，说："目前关键物资尤其是防护用品奇缺，但我们会想办法，无论多苦多难，都要想尽一切办法配齐物资，优先保障实验室、流调人员等一线同事的防护，确保疫情前勤工作需要。"

2. 案例二：矩阵制采购组织，降低廉洁风险

在与一家研究所的企业导师张海燕的对话中，她说，"按研发产品设立部门，每个部门设一个采购组，负责采购前期的 SOURCING，一旦为客户服务的项目成立，便会在项目组下面设置一个临时的采购组，负责再询价、再比价、再议价，合同签订，原材料追踪以及售后等，临时采购组进行再询价、再比价、再议价，目的是为了降低廉洁风险。"

（三）课程思政的设计

1. 前馈设计：结合课程内容进行设计融入

在《采购管理》的在线课程中，案例采取的是前馈设计，即在授课课前，结合授课内容的相关性，围绕"做一个专业能力强，职业道德高尚的采购人"课程思政的主线，在课中设计了由《隐翼天使，战"疫"先锋》温州市疾控中心的后勤保障科科长介绍疫情下他们是如何保障防护用品供应的，从他们的专业能力与职业精神，引出"我们采购人也是抗疫战斗中的天使"，表达采购人履行职责时也是很光荣的，帮助学生树立对职业的认同；然后由未来对专业化人才的要求引出本节课的学习任务。

2. 现场设计：结合授课中的灵感设计融入

在授课过程中，教师可能会突然想到某个思政元素与课程思政主线一致，便可在课中现场设计思政主题进行分享。比如在邀请企业导师进直播课程的环节中，在与上海第三研究所采购员视频对话《保障产品研发设计的采购管理如何做?》的主题时，她谈到研究所的采购组织方式是为了降低采购中的腐败风险。教师抓住这一点，围绕"做一个专业能力强，职业道德高尚的采购人"课程思政的主线，现场设计思政内容《采购中的廉洁》，向同学们讲述这就是企业阳光采购的做法，这个案例体现了我们是如何用专业知识去设计采购组织，从采购组织优化的角度防止腐败问题，同时希望同学们将来做一个职业道德高尚的采购人。

（四）总结

专业课程思政是新时代专业课程教学的必要环节，如何利用思政元素发挥专业课程育人的功能，在培养学生职业技能与知识的同时帮助学生树立正确的职业观、人生观、价值观与世界观，这是需要我们职业教育工作者要探索的。《采购管理》课程团队经过多次的课程思政教学实践，摸索出了"1+X+2"课程思政融入模式，为专业课程思政教学的实施提出了路径与方式。

第五章 高职院校"1+X" 证书影响因素及推进策略

第一节 研 究 方 法

本书通过问卷调查 27 所浙江省高职院校，316 名教学管理人员、专业负责人和专业教师，采用因子分析法分析高职院校"1+X"证书试点关键影响因子，研究结果发现："1+X"证书人才培养模式创新、"1+X"证书整体考核评价体系建立、学校"1+X"证书运行机制保障、"1+X"人才培养方案制定及教学任务实施、学校双师队伍建设属于前五位关键影响因子。从高职院校视角提出突出双元育人，创新"1+X"人才培养模式，以职业为导向，构建"1+X"证书整体考核评价体系，以试点为契机，健全学校"1+X"证书运行机制，强化课证融通，重构人才培养方案，以双师为导向，构建教师教学创新团队等改进措施。

一、文献分析法

文献分析法是学术科学研究中的一种非常重要的研究方法，是做好研究的首要前提。文献分析法是一种通过查阅相关文献和查找研究领域的相关信息来提高论证科学依据的方法。

首先，对收集到的文献、资料进行整理和分类。具体包括"1+X"证书制度研究、高职院校人才培养研究等角度，其中，研究文献资料有：纸质报刊、学位论文、期刊文献、电子图书等。

本书运用文献分析法的目的在于：一方面，掌握学术界对"1+X"证书制度下高职院校人才培养质量评价的研究情况，通过查阅文献，了解相关研究的成果、发展与研究现状，界定出核心概念，对"1+X"证书制度下高职院校人才培养质量评价的理论分析框架进行构建；另一方面，为本研究找到科学的理论，充分地论证本书的研究内容，并且设计适合本研究的研究方法。

二、比较分析法

比较分析法是通过经济指标对比揭示经济指标数量关系、确定数量差异的一种方法。比较分析法的作用在于评价业绩、揭示不足、挖掘潜力。在科学探究活动中，常常用到对比分析法，这种分析法与等效替代法相似。采用比较分析法，对高职技术技能人才培养、"1+X"等相关理论、政策进行研究，系统总结前期研究成果，再运用比较分析法和归纳演绎法等，对现有文献资料和政策措施进行进一步分析和归纳。

三、实证分析法

实证分析法是社会科学研究方法之一，着眼于当前社会或学科现实，通过事例和经验等从理论上推理说明。实证分析要运用一系列的分析工具，诸如个量分析与总量分析、均衡分析与非均衡分析、静态分析与动态分析、定性分析与定量分析、逻辑演绎与经验归纳、经济模型以及理性人的假定等。

本书采用统计调查方法，对国家、省和区域行业企业发展现状进行调研，对电子商务、物流管理等相关行业各类型、各层次人才需求进行问卷调查，结合典型调查，分析需求特征、职业领域岗位群从业标准，调整专业培养目标和人才培养规格。以此为基础，分析"1+X"证书制度背景下高职院校复合型技术技能人才培养过程中存在的问题，提出高职复合型技术技能人才培养的具体对策。

四、访谈法

访谈法，又称访谈调查法，是指通过访谈对象与访谈人员之间面对面的交谈，了解访谈对象的心理和行为的基本研究方法。通过访谈可以获得第一手证据，为文章的讨论提供可靠的证据。

访谈过程中，在获得受访者同意的前提下，对要访谈的内容可以进行记录，并使用相关软件将其转换成文本。然后，仔细阅读和分析每位受访者的访谈数据，提取访问和谈话信息中的主要信息，最终发现"1+X"证书制度下高职院校人才培养在实践中存在的问题，为分析"1+X"证书制度下高职院校人才培养质量问题和提出建议提供依据。

本研究以杭州市、宁波市、温州市、金华市等浙江省 27 所高职院校的 316 名教学管理人员、专业负责人、专业教师为研究对象，通过问卷调查，从高职院校的视角定量分析"1+X"证书试点的关键影响因子，开展基于"1+X"证书制度的高职复合型技术技能人才培养改革的研究和实践，运用经验总结法对实践过程进行归纳总结、发现规律、提炼模式，形成调研报告和研究案例，发表学术论文，在高职院校其他专业中应用推广。

第二节 研究过程

当前理论界对"1+X"证书制度的研究比较多，主要集中两个方面：（1）专注于职业资格证书的研究。欧美国家通过行业协会等非政府性组织来管理职业资格证书，职业资格证书有效实现了各类型教育间的等值与衔接，成为欧美职业教育和职业培训发展并缩短职业教育培训与普通教育、高等教育界限的有效催化剂。通过分析欧美等发达国家的职业资格证书制度，得出对我国"1+X"证书试点的经验和启示。(2)关注"1+X"证书制度的实践，集中在制度的探索、实践和思考等。如中国物流与采购联合会承接了物流管理"1+X"证书的试点工作，形成了"技能+学历+等级证书"的技术技能人才培养模式。杭州职业技术学院、无锡职业技术学院、浙江工贸职业技术学院等高职院校在"1+X"证书实践应用方面也取得了一定的成效。

孙善学提出深刻认识"1+X"证书制度创新的重大意义，有利于推动试点工作的开展[94]。张晓刚分析了1+X证书制度试点过程中面临的问题，提出了提高"双师型"师资队伍水平，健全培训评价组织和证书的管理评价办法等对策[95]。王聪分析了高职院校推进"1+X"证书面临的困扰，提出加强宏观管理、完善组织机构、构建激励机制等建议措施[96]。崔志钰分析了职业院校"1+X"证书制度试点的认知误区，提出了深化专业群和课程体系建设、加快课证融通教学方式变革等实践策略[97]。陈丽婷从"1+X"证书制度实施的现实问题出发，提出了提高"X"证书含金量、规范培训评价组织行为、深化院校"三教"改革等措施[98]。李寿冰从高职院校开展"1+X"证书试点工作角度出发，提出了对接职业技能等级证书和标准，优化人才培养方案、探索培养培训模式、打造专兼结合师资队伍等举措[99]。许宇飞分析了"1+X"证书制度面临的困难，提出了重新厘清证书边界、规范培训评价组织行为、促进院校间横向协作、加大专项经费支持等措施[100]。杨天红分析了职业院校实施"1+X"证书制度的难点，提出了重构人才培养方案，深化"三教"改革，探索学分银行制度改革等措施[101]。吴南中梳理了"1+X"证书推动职业院校变革的逻辑，提出了从组织建设、基础建设、内容建设、实施路径与质量保证体系建设等方面实施职业院校变革的策略[102]。

一、研究对象

为了更好地开展"1+X"证书制度与高职院校复合型技术技能人才培养研究，本研究将访谈对象确定为开展"1+X"证书制度的浙江省高职院校的教学管理人员、专业负责人、专业教师。

本研究以浙江省27所高职院校的316名教学管理人员、专业负责人、专业教师为研究对象，通过问卷调查，从高职院校的视角定量分析"1+X"证书试点的关键影响因子。

二、研究工具

本节的研究对象为"1+X"证书关键影响因子，但是其相关指标较多，因此本节采用因子分析法对同类指标进行公共因子提取，计算其具体值并将其排序。问卷由两部分组成：第一部分是调查对象情况，包括性别、年龄、专业技术职称、工作年限。第二部分为"1+X"证书关键影响因子重要度测算。同时请 15 名浙江省高职院校"1+X"证书试点专业负责人对调查问卷初稿进行优化和修正，以此确保问卷的专家效度。

三、样本分析

本研究对浙江省 27 所高职院校 316 名教学管理人员、专业负责人、专业教师等进行了有效问卷调研，问卷样本结构见表 5-1。

表 5-1   调查问卷样本结构

性别				
男生			女生	
67.4%			32.6%	
年龄				
25 岁以下	25（含）~35 岁	35（含）~45 岁	45（含）~55 岁	55（含）以上
10.1%	24.7%	44.6%	11.4%	9.2%
专业技术职称				
助教	讲师		副教授	教授
14.6%	43.0%		36.4%	6.0%
工作年限				
5 年（含）以下	5~15 年（含）		15~25 年（含）	25 年以上
15.2%	32.0%		33.5%	19.3%

第三节   影响因素分析

一、数据分析

本研究采用探索性因子分析检验问卷内容，采取主成分分析法提取共同因子，在因子分析前需要对本次问卷数据进行 Cronbach α 信度系数及 KMO 与 Bartlett 球形检验，结果表明该问卷的 Cronbach α 信度系数为 0.946，问卷一致性情况良好；KMO 值为 0.907，Bartlett 的球体检验亦达显著性 0.000（见表 5-2），代表问卷呈现性质好，即适合进行因子分析。综上所述，调查问卷符合信度与效度要求。

表 5-2　KMO 与 Bartlett 检验

Kaiser-Meyer-Olkin 取样适切性量数		0.907
Bartlett 的球形检验	近似卡方分配	6702.998
	自由度	666
	显著性	0.000

本节采取主成分分析法提取共同因子，采用最大变异数法进行正交转轴，再以 Kaiser 法对结果进行分类，并以共同因子的累积方差贡献率 60% 以上或特征值大于 1.0 为指标进行主成分提取，且以因子载荷量大于 0.5 为筛选标准确定共同因子。经过内部一致性检验，得到新量表与共同因子 Cronbach α 系数介于 0.636~0.861，参数在可接受范围，具体见表 5-3。通过主成分分析法得出共同因子方差，见表 5-4，累积方差贡献率达 62.288%，见表 5-5，因子结构具有不错的建构效度。最后再依据"1+X"证书关键影响因子测评的特色及因子旋转后的成分矩阵，见表 5-6，对共同因子加以命名，构建"1+X"证书关键影响因子构面分析表，见表 5-7。

表 5-3　信度分析表

构面	"1+X"证书关键影响因子计算信度值	项目个数
A	0.861	7
B	0.840	7
C	0.850	7
D	0.785	5
E	0.801	5
F	0.794	4
G	0.636	2
总信度	0.946	37

表 5-4　共同因子方差表

项　　目	初始（Initial）	提取（Extraction）
1. 政府政策制度的支持与创新	1.000	0.684
2. 学校对"1+X"证书的考核与激励机制	1.000	0.752
3. 明确学校、培训评价组织、学生三方的职责与权益	1.000	0.540
4. "1+X"证书人才培养模式	1.000	0.764
5. "1+X"人才培养方案制定及教学任务实施	1.000	0.692
6. 学校"1+X"证书运行机制的保障	1.000	0.659
7. 专业教学、培训考证的时间分配	1.000	0.777

项　目	初始（Initial）	提取（Extraction）
8. 学校的教学制度和管理制度改革	1.000	0.653
9. "1+X"的课程体系与融合	1.000	0.680
10. 模块化教学模式的建立	1.000	0.558
11. "1+X"证书教学资源的开发	1.000	0.513
12. 专项经费支持力度	1.000	0.508
13. 培训评价组织的遴选和管理	1.000	0.698
14. 培训评价组织规模实力	1.000	0.620
15. 证书试点专业选择	1.000	0.561
16. 学校双师队伍建设	1.000	0.660
17. 教师实践教学能力	1.000	0.644
18. 教师参加证书师资培训程度	1.000	0.680
19. 校企实习实训基地的建立	1.000	0.465
20. "1+X"证书整体考核评价体系建立	1.000	0.565
21. "1+X"证书制度配套政策支持	1.000	0.600
22. 课程建设与职业培训的适应性	1.000	0.679
23. 培训评价组织和证书的管理评价方法	1.000	0.631
24. 证书与专业的适用性	1.000	0.662
25. 证书的通过率	1.000	0.596
26. 学员报名考证积极性	1.000	0.666
27. 职业院校、企业、学生及家长对证书的认可度	1.000	0.519
28. 职业技能培训与人才培养过程的融合	1.000	0.440
29. 职业技能标准与课程标准的融合	1.000	0.673
30. 学历教育和职业技能等级证书的融合	1.000	0.717
31. 专业课程与职业标准的对接	1.000	0.699
32. 教学过程与生产过程的对接	1.000	0.592
33. 学历证书与资格证书的对接	1.000	0.602
34. 证书培训与考核成本	1.000	0.648
35. 培训及考核站点建设	1.000	0.584
36. 学分认定、积累和转换机制的建立	1.000	0.427
37. 学校、培训评价组织、企业相结合的评价体系建立	1.000	0.636

注：提取方法采取主成分分析法。

表 5-5　解释总方差

成分	初始特征值			提取平方和载荷			旋转平方和载荷		
	总和	方差/%	累积/%	总和	方差/%	累积/%	总和	方差/%	累积/%
1	12.902	34.871	34.871	12.902	34.871	34.871	4.516	12.206	12.206
2	2.204	5.956	40.827	2.204	5.956	40.827	3.514	9.498	21.704
3	1.926	5.205	46.032	1.926	5.205	46.032	3.468	9.372	31.076
4	1.712	4.626	50.658	1.712	4.626	50.658	3.366	9.097	40.173
5	1.601	4.326	54.984	1.601	4.326	54.984	3.246	8.772	48.946
6	1.380	3.730	58.714	1.380	3.730	58.714	2.832	7.654	56.600
7	1.322	3.573	62.288	1.322	3.573	62.288	2.104	5.687	62.288

注：提取方法采取主成分分析法。

表 5-6　共同因子旋转后的成分矩阵

成分	1	2	3	4	5	6	7
Q30	0.778	0.023	-0.001	0.209	0.160	0.190	0.075
Q31	0.777	0.172	0.149	0.102	0.051	0.177	0.002
Q29	0.718	0.105	0.065	0.121	0.177	0.305	0.056
Q33	0.675	0.172	0.050	0.217	0.138	-0.017	0.218
Q32	0.582	0.299	0.288	-0.034	-0.030	0.250	0.129
Q34	0.566	0.134	0.135	0.069	0.301	-0.254	0.363
Q11	0.469	0.142	0.342	0.196	0.116	0.321	-0.028
Q24	0.166	0.736	0.151	0.106	0.221	0.093	0.037
Q16	0.209	0.642	0.199	0.339	0.022	0.220	0.017
Q15	0.146	0.553	0.326	0.330	-0.009	0.016	0.133
Q23	0.174	0.553	0.187	-0.070	0.496	0.094	-0.017
Q21	0.164	0.547	-0.028	0.312	0.300	0.273	0.103
Q22	0.302	0.534	0.271	-0.121	0.339	0.317	-0.017
Q27	0.056	0.406	0.045	0.284	0.089	0.390	0.329
Q7	0.016	0.171	0.814	0.157	0.163	0.087	0.160
Q8	0.068	0.110	0.694	0.143	0.194	0.309	0.037
Q9	0.485	0.062	0.583	0.197	0.067	0.191	-0.146
Q10	0.412	0.209	0.544	0.095	0.175	0.053	-0.081
Q5	0.161	0.403	0.520	0.387	0.137	-0.018	0.253
Q6	0.057	0.258	0.485	0.461	0.000	0.282	0.249
Q35	0.336	0.130	0.446	-0.113	0.208	-0.029	0.445

成分	1	2	3	4	5	6	7
Q2	0.173	0.123	0.144	0.809	0.158	0.078	0.045
Q17	0.201	0.290	0.230	0.657	−0.045	−0.027	0.182
Q1	0.089	−0.087	−0.066	0.588	0.396	0.398	−0.059
Q12	0.149	0.268	0.142	0.493	0.201	0.229	0.240
Q3	0.294	0.082	0.302	0.470	0.313	−0.018	−0.190
Q13	0.172	0.110	0.095	0.162	0.774	0.139	0.053
Q14	0.087	0.127	0.192	0.070	0.711	0.199	0.099
Q20	0.169	0.271	0.102	0.168	0.559	0.335	−0.027
Q37	0.106	0.414	0.091	0.431	0.456	−0.003	0.227
Q36	0.211	0.118	0.212	0.316	0.443	0.109	0.127
Q4	0.266	0.208	0.298	0.040	0.184	0.721	0.070
Q18	0.220	0.088	0.145	0.106	0.223	0.715	0.177
Q19	0.263	0.269	0.154	0.102	0.245	0.452	0.156
Q28	0.386	0.240	0.081	0.135	0.232	0.392	0.018
Q26	0.082	−0.026	0.133	0.121	0.209	0.159	0.747
Q25	0.085	0.109	−0.029	0.096	−0.090	0.097	0.741

注：提取方法，主成分；旋转法，具有 Kaiser 标准化的正交旋转法。

表 5-7 "1+X" 证书关键影响因子构面分析

构面	名称	"1+X" 证书关键影响因子
A	职业标准与课程标准融合	30. 学历教育和职业技能等级证书的融合
		31. 专业课程与职业标准的对接
		29. 职业技能标准与课程标准的融合
		33. 学历证书与资格证书的对接
		32. 教学过程与生产过程的对接
		34. 证书培训与考核成本
		11. "1+X" 证书教学资源的开发
B	师资队伍与证书认可度	24. 证书与专业的适用性
		16. 学校双师队伍建设
		15. 证书试点专业选择
		23. 培训评价组织和证书的管理评价方法
		21. "1+X" 证书制度配套政策支持
		22. 课程建设与职业培训的适应性
		27. 职业院校、企业、学生及家长对证书的认可度

构面	名称	"1+X"证书关键影响因子
C	人才培养方案与教学管理制度	7. 专业教学、培训考证的时间分配
		8. 学校的教学制度和管理制度改革
		9. "1+X"的课程体系与融合
		10. 模块化教学模式的建立
		5. "1+X"人才培养方案制定及教学任务实施
		6. 学校"1+X"证书运行机制的保障
		35. 培训及考核站点建设
D	考核与经费制度保障	2. 学校对"1+X"证书的考核与激励机制
		17. 教师实践教学能力
		1. 政府政策制度的支持与创新
		12. 专项经费支持力度
		3. 明确学校、培训评价组织、学生三方的职责与权益
E	培训评价组织遴选与考核评价	13. 培训评价组织的遴选和管理
		14. 培训评价组织规模实力
		20. "1+X"证书整体考核评价体系建立
		37. 学校、培训评价组织、企业相结合的评价体系建立
		36. 学分认定、积累和转换机制的建立
F	人才培养模式与职业技能培训	4. "1+X"证书人才培养模式
		18. 教师参加证书师资培训程度
		19. 校企实习实训基地的建立
		28. 职业技能培训与人才培养过程的融合
G	考证积极性与通过率	26. 学员报名考证积极性
		25. 证书的通过率

二、重要度分析

在上述分析的基础上,本书对"1+X"证书关键影响因子的权重进行了计算。主成分的方差贡献率反映了主成分的重要性,贡献率越大说明该主成分越重要,因此我们可以将方差贡献率看成是主成分的权重。其中,各主成分方差贡献率计算过程是:各因子载荷值 $v_{ij}(i=1,2,\cdots,7;j=1,2,\cdots,37)$ 除以对应特征根 $\lambda_i(i=1,2,\cdots,7)$ 的开方值,得到各主成分在线性组合中的系数 $\alpha_{ij}(i=1,2,\cdots,7;j=1,2,\cdots,37)$,用公式(5-1)表示。

$$\alpha_{ij} = \frac{v_{ij}}{\sqrt{\lambda_i}} \tag{5-1}$$

将各主成分在线性组合中的系数 α_{ij} 与各主成分的方差贡献率 $\rho_i(i=1,2,\cdots,7)$ 加权平均即可得到各因子方差贡献率 $\mu_j(j=1,2,\cdots,37)$，用公式（5-2）表示。

$$\mu_j = \frac{\sum_{i=1}^{7} \alpha_{ij}\rho_i}{\sum_{i=1}^{7} \rho_i} \tag{5-2}$$

然后以各因子方差贡献率 μ_j 为权重衡量指标，归一化后得到各影响因子的权重 $\omega_j(j=1,2,\cdots,37)$，用公式（5-3）表示。

$$\omega_j = \frac{\mu_j}{\sum_{j=1}^{37} \mu_j} \tag{5-3}$$

将归一化后的"1+X"证书影响因子权重按照大小排序，结果见表5-8。

表5-8 "1+X"证书关键影响因子权重计算结果

"1+X"证书关键影响因子题项	各主成分在线性组合中的系数							各指标方差贡献率	各指标权重
	系数1	系数2	系数3	系数4	系数5	系数6	系数7		
4. "1+X"证书人才培养模式	0.074	0.140	0.215	0.031	0.145	0.614	0.061	0.169	0.0337
20. "1+X"证书整体考核评价体系建立	0.047	0.183	0.073	0.128	0.442	0.285	-0.023	0.164	0.0329
6. 学校"1+X"证书运行机制的保障	0.016	0.174	0.349	0.352	0.000	0.240	0.217	0.163	0.0327
5. "1+X"人才培养方案制定及教学任务实施	0.045	0.271	0.375	0.296	0.108	-0.015	0.220	0.163	0.0327
16. 学校双师队伍建设	0.058	0.432	0.143	0.259	0.017	0.187	0.015	0.162	0.0325
8. 学校的教学制度和管理制度改革	0.019	0.074	0.500	0.109	0.153	0.263	0.032	0.160	0.0321
21. "1+X"证书制度配套政策支持	0.046	0.368	-0.020	0.238	0.237	0.232	0.090	0.159	0.0318
22. 课程建设与职业培训的适应性	0.084	0.360	0.195	-0.092	0.268	0.270	-0.015	0.158	0.0316
37. 学校、培训评价组织、企业相结合的评价体系建立	0.030	0.279	0.066	0.329	0.360	-0.003	0.197	0.157	0.0314
2. 学校对"1+X"证书的考核与激励机制	0.048	0.083	0.104	0.618	0.125	0.066	0.039	0.154	0.0308
12. 专项经费支持力度	0.041	0.181	0.102	0.377	0.159	0.195	0.209	0.152	0.0305

续表 5-8

"1+X"证书关键影响因子题项	各主成分在线性组合中的系数							各指标方差贡献率	各指标权重
	系数 1	系数 2	系数 3	系数 4	系数 5	系数 6	系数 7		
7. 专业教学、培训考证的时间分配	0.004	0.115	0.587	0.120	0.129	0.074	0.139	0.151	0.0303
13. 培训评价组织的遴选和管理	0.048	0.074	0.068	0.124	0.612	0.118	0.046	0.150	0.0300
18. 教师参加证书师资培训程度	0.061	0.059	0.104	0.081	0.176	0.609	0.154	0.148	0.0297
24. 证书与专业的适用性	0.046	0.496	0.109	0.081	0.175	0.079	0.032	0.147	0.0295
14. 培训评价组织规模实力	0.024	0.086	0.138	0.053	0.562	0.169	0.086	0.146	0.0293
11. "1+X"证书教学资源的开发	0.131	0.096	0.246	0.150	0.092	0.273	-0.024	0.146	0.0292
9. "1+X"的课程体系与融合	0.135	0.042	0.420	0.151	0.053	0.163	-0.127	0.145	0.0291
19. 校企实习实训基地的建立	0.073	0.181	0.111	0.078	0.194	0.385	0.136	0.145	0.0289
23. 培训评价组织和证书的管理评价方法	0.048	0.372	0.135	-0.053	0.392	0.080	-0.015	0.144	0.0288
3. 明确学校、培训评价组织、学生三方的职责与权益	0.082	0.055	0.218	0.359	0.247	-0.015	-0.165	0.143	0.0286
36. 学分认定、积累和转换机制的建立	0.059	0.079	0.153	0.242	0.350	0.093	0.110	0.143	0.0285
1. 政府政策制度的支持与创新	0.025	-0.059	-0.048	0.449	0.313	0.339	-0.051	0.140	0.0280
10. 模块化教学模式的建立	0.115	0.141	0.392	0.073	0.138	0.045	-0.070	0.139	0.0277
15. 证书试点专业选择	0.041	0.372	0.235	0.252	-0.007	0.014	0.116	0.138	0.0275
28. 职业技能培训与人才培养过程的融合	0.107	0.162	0.058	0.103	0.183	0.334	0.016	0.136	0.0273
27. 职业院校、企业、学生及家长对证书的认可度	0.016	0.273	0.032	0.217	0.070	0.332	0.286	0.132	0.0264
17. 教师实践教学能力	0.056	0.195	0.166	0.502	-0.036	-0.023	0.158	0.131	0.0263
29. 职业技能标准与课程标准的融合	0.200	0.071	0.047	0.092	0.140	0.260	0.049	0.122	0.0244
32. 教学过程与生产过程的对接	0.162	0.201	0.208	-0.026	-0.024	0.213	0.112	0.113	0.0226
31. 专业课程与职业标准的对接	0.216	0.116	0.107	0.078	0.040	0.151	0.002	0.112	0.0224
30. 学历教育和职业技能等级证书的融合	0.217	0.015	-0.001	0.160	0.126	0.162	0.065	0.112	0.0224

"1+X"证书关键影响因子题项	各主成分在线性组合中的系数							各指标方差贡献率	各指标权重
	系数 1	系数 2	系数 3	系数 4	系数 5	系数 6	系数 7		
33. 学历证书与资格证书的对接	0.188	0.116	0.036	0.166	0.109	-0.014	0.190	0.098	0.0196
35. 培训及考核站点建设	0.094	0.088	0.321	-0.086	0.164	-0.025	0.387	0.088	0.0175
34. 证书培训与考核成本	0.158	0.090	0.097	0.053	0.238	-0.216	0.316	0.074	0.0148
26. 学员报名考证积极性	0.023	-0.018	0.096	0.092	0.165	0.135	0.650	0.070	0.0139
25. 证书的通过率	0.024	0.073	-0.021	0.073	-0.071	0.083	0.644	0.024	0.0047

注：提取方法，主成分；旋转法，具有 Kaiser 标准化的正交旋转法。

根据表 5-8 可知，在 37 项"1+X"证书影响因子中，Q4（"1+X"证书人才培养模式创新）、Q20（"1+X"证书整体考核评价体系建立）、Q6（学校"1+X"证书运行机制保障）、Q5（"1+X"人才培养方案制定及教学任务实施）、Q16（学校双师队伍建设）这五项影响因子权重系数最高，分别为 0.0337、0.0329、0.0327、0.0327 和 0.0325，是很重要的"1+X"证书关键影响因子。因此，应该优先采取针对性对策，保障"1+X"证书试点的成效。

第四节　推进策略

本研究通过问卷调查的方法，定量分析"1+X"证书关键影响因子，进一步研究其关联性，重点针对影响"1+X"证书关键因子分析结果，提出相应改进策略。

一、突出双元育人，创新"1+X"证书人才培养模式

高职院校要充分利用好"1+X"证书制度，建立体现双元育人的人才培养模式。

（1）面向行业企业培养复合型技术技能型人才。传统高职人才培养定位是培养技术技能人才，随着企业从泰勒式向精益化转变，呼唤高职的转型升级，高职必然从技术技能人才的培养转向高水平、多技能复合型技术技能人才的培养。高职院校要深入调研行业企业对复合型技术技能人才的需求以及职业岗位对职业能力水平和专业化程度的要求，分析需求特征、职业领域岗位群从业标准，调整专业培养目标和人才培养规格，培养符合行业企业需求的复合型技术技能人才。

（2）高职院校要坚持学历教育与培训并举，深化人才培养模式改革，将新技术、新工艺、新规范、新要求融入人才培养全过程；同时创新引入模块化教学、学分制、弹性学制等灵活的学习制度和教学管理制度，为"1+X"人才培养

提供教学制度保障。

（3）试点专业要对教学组织与证书技能培训进行一体化设计，注重学生职业技能培养，统筹混合式教学、理实一体化、现场教学法等教学与培训模式，联合培训评价组织开展校内外集中培训、在线学习培训和企业实践等，帮助学生在教学培训中积累相应的职业技能。

二、多方健全"1+X"证书制度试点工作机制

（1）高职院校要健全完善试点工作体制机制，建立完整系统的教师激励制度、考核管理办法，落实专项工作小组协调机制，让领导机构有效落地，承担责任。

（2）政府部门要出台培训评价组织管理办法，统一对实操设备要求、考证报名费用、考核题库、教学资源等进行统筹规划和管理，避免高职院校试点专业处于被动局面。

（3）加大经费投入力度。高职院校要加大试点经费投入。鉴于当前高职院校各试点专业考证和培训供小于求的现状，高职院校要统一加大试点项目预算，优先支持"1+X"试点证书经费需求。同时，政府财政部门也要提供试点院校部分补贴，减轻高职院校财政压力，以便顺利推进"1+X"证书试点工作。

三、强化课证融通，重构人才培养方案

专业人才培养方案是高职院校专业教学工作的基础，"1+X"证书制度要求高职院校根据职业技能标准重构人才培养方案。

（1）将培养目标、教学安排、课程体系、毕业标准等培养模块融入考证标准，统一安排学生考证实训教学周，确保人才培养方案接轨职业技能等级证书考核标准。

（2）强化课证融通，将技能等级标准内容融入专业课程体系，如试点专业可设置一定数量的"1+X"证书融合课程或是证书考培模块，将证书内容融入不同的专业课程。

（3）在日常专业教学中落实"三教"改革，不断完善教学体系，增强教学实践性，给学生提供高质量的理论与实操培训，通过技能竞赛、考证学分奖励等形式，提高学生考证积极性。

四、以双师为导向，构建教师教学创新团队

（1）实施"校企共融、共培互聘"机制，鼓励专任教师担任行业企业岗位，参与企业项目运作，通过技术服务解决中小企业运营难题，提升教师社会服务能力和技术技能水平。聘请具有丰富企业背景、实践能力强的企业专家、技术能

手、能工巧匠担任企业导师，指导学生的顶岗实习、创业实践，建立专业教师和企业导师相结合的"双师"教学创新团队。

（2）发挥专业骨干教师中坚力量，支持骨干教师全过程参与"X"证书开发和标准制定、证书考点的建设和考试工作，鼓励教师以"1+X"证书制度理念指导课堂教学实践，提高专业骨干教师实施教学、培训和考核评价能力。健全"1+X"师资培育机制，建立相应的激励政策，鼓励教师积极参加证书培训，培养一支具备职业技能等级证书培训能力的师资队伍。

（3）做好校内专业教师、企业兼职教师结对培养工作，加强校内外学术合作与技术交流，以"1+X"师资培训、技能培训、学术交流等为载体，提升专兼职教师在学术研究、教学教研、产业实践方面的互通应用能力，进一步提高试点专业师资团队的教学育人水平。

五、建立"1+X"证书激励制度

高职院校要立足于学生主动学习和主动发展，健全与完善教学中教师对学生激励性评价机制，积极开展发挥学生主体作用的学习、研讨、培训，按照学习结果认定其培训学分，并纳入评优评先激励考核机制，通过推行学分互认，激励奖励机制等方式，激发学生参与"1+X"证书试点工作的积极性与主动性，促使"1+X"证书制度试点工作实效性能够得以有力开展。同时强化产教深度融合，提升人才培养质量。试点高职院校从"产教融合"人才培养模式实际出发，加强院校、行业与企业的合作，重整教育教学课程体系，将相关行业或企业的精英引入到专业课堂授课环节，以理论教学和实践培养有机融合，与高职院校教师共育英才，提升服务地方经济社会发展能力。

六、以试点为载体，健全学校"1+X"证书运行机制

（1）加强试点工作保障机制。高职院校成立"1+X"证书试点工作领导小组，加强对"1+X"证书制度试点工作的组织和管理，各试点专业所在院系成立"1+X"试点工作组，建立试点协同工作机制，保证试点工作有序推进。

（2）参与"1+X"证书和标准的开发建设。各试点专业要积极对接培训评价组织，参与或承担"1+X"证书和标准的开发建设，与培训评价组织、行业企业共建数字化教学资源。

（3）加强对"1+X"试点工作的资金和政策支持。高职院校要针对"1+X"证书试点细化出台各类激励保障制度，如在考级类别奖励、优秀指导教师奖励等方面细化完善，促使专业教师积极参与到"1+X"试点工作。

七、以职业为导向，构建"1+X"证书整体考核评价体系

（1）建立培训评价组织及证书标准的竞争和退出机制。培训评价组织是通过招标、遴选而产生，要充分发挥市场优胜劣汰的功能，同一领域证书标准允许由多个培训评价组织开发，在证书标准的遴选和推广环节充分参考高职院校的意见，给予高职院校一定选择权，某一证书选择的高职院校越多，说明该证书的普及面和受欢迎度越高。

（2）以职业为导向，加强过程评价。将职业技能等级考核与专业人才培养质量评价相结合，提高学习培训成效。

（3）建立评估督导机制。成立第三方评价机构或专家指导委员会，对培训评价组织开展评估检查，制定培训评价组织负面清单，并与经费划拨和试点推广等挂钩。

八、持续扩大试点规模

试点院校要加快出台相关激励和保障政策，在资金使用、设备购置、实训室建设等方面给予倾斜，各试点专业结合职业技能等级需求改善实训条件，新建实训实习考证基地，按考核站点建设标准要求配足配齐软硬件设施设备，从软硬件设施方面全力做好"1+X"考证服务工作。鉴于职业教育国家"学分银行"建设部署，复合型技术技能人才持续成长，各类学习成果的认定、积累和转换成为必然趋势，高职院校要继续扩大"1+X"证书制度试点规模，有序增加学生考证和师资培训数量，争取在试点的基础上覆盖高职院校大部分专业。

第六章 研 究 总 结

第一节 结 论

一、结论

本书分析了"1+X"证书制度的起源、现状及发展趋势，剖析了"1+X"证书制度与高职院校复合型技术技能人才培养融合的内涵、逻辑与路径，探索了"1+X"证书制度与高技能人才培养的融合过程。从人才培养模式融合、课程体系融合、教学资源融合、师资队伍融合、实习实训融合等角度提出了具体的做法。同时，通过实证研究方法分析了高职院校"1+X"证书制度的影响因素，发现"1+X"证书人才培养模式创新、"1+X"证书整体考核评价体系建立、学校"1+X"证书运行机制保障、"1+X"人才培养方案制定及教学任务实施、学校双师队伍建设这五项影响因子权重系数最高，是很重要的"1+X"证书关键影响因子。因此，应该优先采取针对性对策，保障"1+X"证书试点的成效。从突出双元育人、强化课证融通、打造双师团队、健全运行机制、构建评价体系等方面提出了推进策略，为"1+X"证书制度在高职院校中的试点提供了理论参考和数据支撑。重点阐述了"1+X"证书制度背景下高职复合型技术技能人才培养的趋势和发展策略。

二、不足及展望

关于"高职院校'1+X'证书制度背景下高职复合型技术技能人才培养研究"这一课题，国内外文献相对较少，主要原因在于"1+X"证书制度实施方案出台时间较短，高职院校实行这一制度的试点院校有限，国外主要针对职业资格证书的认证和考核、职业资格证书制度相关的法律法规制度、严格的质量管理及完善的职业资格框架与标准等进行了研究。国内研究主要从"1+X"职业资格证书的创新性、证书制度实施意义、制度功能等方面进行了研究。结合文献资料，发现目前针对"1+X"证书制度背景下高职复合型技术技能人才培养现状及对策研究较少。

本书分析了"1+X"证书制度与高职院校复合型技术技能人才培养融合的内涵、逻辑与路径，以浙江工贸职业技术学院物流管理和电子商务专业为例进行研究，从人才培养模式、课程体系、教学资源、师资队伍、实习实训等方面进行了"1+X"证书制度与技术技能人才培养的融合探索。本书在内容的表述、适用范围上还存在不足之处，如不能完整地阐述"1+X"证书制度在高职各专业中的应用全过程，这也是笔者在职业教育管理工作范畴内继续研究的方向，将继续完善"1+X"证书制度背景下高职院校复合型技术技能人才培养研究，积极用实践验证研究结果。

第二节　发展趋势

为进一步健全职业教育与职业培训的基本机制，"1+X"认证管理体系为建立以职业技能认证制度为纽带的开放式职业教育系统，提供了坚实基础。目前，"1+X"证书制度试点工作仅面向现代农业、先进制造业、现代服务业、战略性新兴产业等技术技能人才的紧缺领域实施，作为创新人才培养与评价的新举措，其实施影响已经惠及高职院校人才培养模式转变、学生个体就业竞争力提升和社会技能人才供需平衡。未来，"1+X"证书制度与技术技能人才培养将有如下发展趋势。

一、促进人才培养理念向技术技能方向落实

实现复合型技术技能型人才的培养目标体现在人才的专业技能是否适应经济社会发展转型和现代产业发展需要。高职院校学生获得的职业技能等级证书，是提高和验证知识技能水平的重要途径，同时也是技能型人才培养方式的重大变化。"1+X"证书制度也将推动高职院校的能力训练全面渗透到人才培养中，使其走向高素质的发展道路。向内培养人才时，侧重产业相关专业人才的应用实战型培养和非相关专业人才的技术技能型培养，通过组织校内实操技能培训，参加全国性、社会性职业技能比赛，可以避免因产生单纯追求就业率提升而忽略人才政治素养和专业技能综合培养的结果。向外输出人才时，根据已公布的几个批次"1+X"证书制度共计446个职业技能等级证书申请范围，引导学生参加相关职业技能等级证书考核，以此实现技能水平认证，提升学生就业竞争力。

二、促进人才培养目标和定位向技能化明晰

长期以来，高职院校为了凸显职业特色优势，借鉴国际复合型专业技能培养目标、定位与方法，着力建设特色专业，切实实现应用实战型专业技能的人才培养目标。而在"1+X"认证体系推行进程中，由于目前没有国家严格限制职业等级证书与学校在读专业的直接关系，因此，应借鉴各试点高职院校的职业技能等级要求与学校教育目标特点，把证书培训项目有机地纳入学校专业技能人才培养

计划，以提高人才培养的针对性和适应性，促进相关专业人才培养目标的清晰界定。

三、促进课程体系向技能标准化方向倾斜

"1+X"认证制度要正确处理好学历教育证书与职业技能等级证书之间互相连接与融通的关系。从高职院校课程体系构建上来看，由于对教师课堂建设意识的不断深入以及对职业教学基本规律的深入掌握，在教学的课程设置上也体现出由公共基础课到专业平台课、由专业核心课到专业拓展选修课的递进性设计，在学时安排上要求完成相应比例实训课程才可获得对应学分。从学校试点情况来看，高职院校若要取得相关职业技能等级证书试点资格，需要具有相应的专业开设年限、合格的教学实习场地与设施、固定的教学实训过程、较好的教师队伍和教学实训课程经费支持与保证等，同时将专业的教学规范与具体职业技能等级规范有机连接，将专业课程的教学过程与具体职业技能等级证书的训练内容有机融合，将专业技能教育过程与专业技能知识训练内容协调开展，将具体专业技能课堂考核与专业技能知识考核评价同步，即整个课程体系依照实际工作流程的项目内容和证书性质突出课程技能培养的重要性，进而促进培养过程的标准化。

四、促进多元主体参与技能评价

职业教育校企合作问题由来已久，但职业教育中的"校政企"合作问题仍旧突出。当前职业院校学生的技能考核只能以学历教育的完成为替代，缺少第三方评价。

从目前的"1+X"认证管理体系及试点工作实施的效果分析，将以高等职业学院、中等职业院校（不含技工学校）为主要试验学校，由企业或行业协会为主导的培训测评机构，开展专业技能知识等级考评和资格证书的授予。获批培训资格证书，从最早的五家职业教育培训评估机构的五个专业技术知识等级证书，到第二批十家职业教育培训评估机构的十个专业技术知识等级证书，第三批六十三家职业教育培训评估机构的七十六个专业技术知识等级证书，再到第四批二百七十家职业教育培训评估机构的三百五十五个专业技术知识等级证书，可见，由教育部、人社部牵头，院校和社会组织正积极参与共同构建"书证融通、育训结合"的新模式是技能人才培养的发展趋势。

部分专业技能考试可在课程体系向专业技能规范发展中，依据专业技术知识等级证书考评范围与标准，面向工作领域掌握相应岗位任务特点，在学员完成专业技能教学、掌握专业技能基础知识后，引导进行专业技术知识等级证书考评。对暂时没有纳入证书名录范畴的技能，在总结现代学徒制的本土化、行业化实践的基础上，定期定量向当地有明显用人需求的合作企业输入在校生，有针对性地

对学生综合技能水平进行考核，再由实践部门出具认证结果。为了提高实践部门出具认证结果的效力，同时提高院校与企业联系的有效性，可尝试性建立院校、行业企业、协会联盟的三方联系制度，即院校提供技能人才，行业提出考核标准，协会联盟联系行业互认，承担职业技能考核和认证双向联系职责。院校与行业企业、协会联盟共同推动技能互认制度的展开，不仅保证专业岗位人才填补的有效性，还能提高院校应届毕业生的对口就业率和年终就业率。

第三节 发 展 原 则

"1+X"职业技能等级证书体系是一项复杂的系统化设计，要求合理的技术支持环境，单从"1"与"X"的耦合互嵌视角看，需要坚持"1+X"证书制度目标导向、证书功能兼容扩展、创新证书管理模式、规范证书退出机制等措施，进而推动"1+X"证书制度下高职院校复合型技术技能人才的培养。

一、坚持以品质为本，强化"1+X"证书制度的目标导向

面向未来，现代职业教育肩负造就数以亿计的复合型技术技能人才的重要任务，关乎到我国劳动力市场的人才供应水平、整体素质和职业品质，直接影响到国家的经济发展实力与技术水平[103-104]。但从实际情况的角度出发，不难发现目前职业教育规模的扩大尚未带来人才培养质量水平的明显提升，却又背负着学生生源低下、教学质量低、发展出路难等中低层次职业教育特征，导致了职业院校教育体系结构性失调[105]。

（1）从宏观上看，要紧随中国经济社会从高速度发展阶段逐步转入高品质发展阶段的实际变化和提升经济社会全要素生产力的需要，通过"1+X"证书制度由单维度的"提高人才培养质量"转向多维度的"提高职业教育发展品质"，在地方政府领导下建立由学校主导、相关产业企业主办、社会各界广泛参加的职业教育发展体系，从追求规模的扩大变为提高教育品质，通过高质量产教对接推动人才供应侧与人力资本供求侧结构要素的全面融合，通过培育大批优秀劳动者，形成一个与我国市场经济产业结构调整、社会转型发展、产业提升、科技进步等相互促进的现代新型职业教育体系[106]。

（2）从微观角度上看，要理解"1+X"职业技能等级证书制度的根本目标就是达到"高水平办学、高质量教学"，提高职教人员的专业素质和职业能力，既要求高职院校全面开展内部教学检测和提升管理工作，也要求高职院校主管部门、行业企业、社会培训评价组织在对试点的认定、培养和考评工作等方面严把质量关，进而建立起完善的教学质量保障体系[107]。

二、坚持规范为先，推动"1+X"证书功能兼容扩展

《国家职业教育改革实施方案》中也明确地指出把规范性建构作为指导职业院校教育腾飞的重要技术突破口，对学院专业设定、教师团队、专业方向研究、课堂讲授、课堂建构、数字化校园等方面均有具体规范。

首先，"1+X"认证体系的核心内容是要解决当前职业教育教学中有关规范缺位、不足与落后的问题，通过完善职业技术标准、教育与教学等方面有关规范，由第三方社会评估机构主导、产业内代表性强的技术公司积极参与，协助企业制定业界认可、覆盖面广的职业技能等级规范，在职业院校教学品质改善中起到基础性作用，从而根据产业特点及行业管理需要、学习者职业生涯规划、技术技能转变的新趋势等，开展以结果为导向的模块化设计的若干"X"类职业技能等级证书式教学体系，并有效整合到高职院校人才培养方案当中，以提高高职院校复合型技术技能人才的培养质量[108]。

其次，"1+X"证书制度的重要意义就在于通过职业技能等级的技术标准制定倒逼行业学历框架构建，通过设立包括职业教育在内的终身教育学分银行制度，有效进行学业成绩的认可、累积和转化，有效完成学校学历证书与专业职业技能等级证书间的信息互通连接，加快形成富有我国特点、反映产业特征、服务技术意识前沿、标准框架合理、互通衔接顺畅、具备全球视角的职业教育标准框架，并以其独立性、针对性、适应性和灵活性完成学校教学、专业技术与职业教育之间的学分认可和转化，有效推动学校毕业生与劳动者、职业教育与行业需求之间的高效衔接。

三、坚持开放融合机制，推动"1+X"证书管理模式创新

进入新时代，我国职业教育领域将面临环境变革：一方面，"互联网+"、大数据、人工智能等新技术将形成中国经济新动力，新商业模式日益形成，新兴产业不断涌现，传统生产方式也在全新变革；另一方面，随着社会分工越来越细致，越来越专业化，行业技能培训的参加主体多元化、网络化、系统化趋势显现。

（1）高职院校要以"1+X"证书管理制度开创联合教育办学管理模式。高职院校以市场需求为引导，通过与行业企业的深入联合、协调与互动，把职业培训办进企业、办进工业园区、办进社会，逐步形成产教深入融合发展的教育办学管理模式与高校企业合作协同教学的培训管理模式，把教育教学、素质训练、知识传授、专业技能提高等培养功能和企业的实际生产运营管理经验与职业技术标准等深度融合，面对企业终身职业发展需要提出个性化、多元化、终身化的教育培训可选择菜单，实现融教学、产品、研发、服务等于一身的新型命运共同体。

（2）以"1+X"证书体系形成多赢共生的机制。高职院校要推进高等教育供给侧结构性改革，突出复合型技术技能型人才培养制度变革，紧紧衔接行业企业技能链、人才创业链条，在政府政策指导、产业引导、社会各方积极参与的基础上，由被动向主动过渡，高度重视教育市场化运作，通过合同制度和标准规范的办学秩序，在高职院校、第三方机构、行业企业和教育行政主管部门之间，优化沟通交流激励机制、利益沟通激励机制、责任分担激励机制和监管问责激励机制，建立基于市场主体利益的产学研用创多元有机融合、产教合一、共生发展的协同创新体制，进一步拓宽高质量职业教育人才供给途径，进一步增强"1+X"证书制度的生命力。

四、坚持质量动态管理，规范"1+X"证书退出机制

伴随着科学技术的发展，特别是人工智能技术对劳动力市场的替代，劳动力市场对新专业技能和知识要求的变动必然在加快，这也决定了"1"和"X"是更加动态的，对职业规范、教育技术标准和职业技能等级的规范也会更高，不仅学历证书所对应的专业设置与教学内容要随经济发展要求而进行调整优化，对新专业技能知识等级证书的管理也应该是更加动态化的。

（1）要规范第三方机构的证书发布和评估等活动。根据"1+X"认证管理体系的设计思想，教育部门及授权组织要遴选一个可以有效汇聚行业公司、职业院校等多方面能力的第三方培训与评估机构，并使之切实发挥起职业技能等级标准、认证开发以及培训教材建设工作的主体作用，同时要对"X"认证质量与社会信誉负责。第三方教育培训质量评估机构要针对日益变动的产业市场和劳动者市场需求，利用"X"证书对劳动者的职业技术适应能力、专业知识、职业技术综合素养等进行科学、全面、合理地评估，并突破过去以学习者的学历证书为唯一凭证和在学历证书上附加一些较低含金量的资格证书的传统评估方法的限制，以推动职业教育培养培训的高质量发展。

（2）要落实对第三方机构及其"X"证书的动态调整。教育行政管理部门要建立政策与市场相结合的功能机制，逐步优化"1+X"认证管理体系的政策条件与市场支持环境，并要求第三方教育培训评估机构在兼顾收益的同时将社会效益放在首位，既维护了此类认证价值的客观公正，又便于发挥职业院校与服务行业企业之间的功能。对于因行业发展趋势、技术变更等因素导致"X"证书不再满足社会需求的，则将进行更换或退出；如果在"X"证书认证过程中因利益考量而产生"寻租"或"放水"等严重违规或弄虚作假的情况，则应当进行强制性退出。

第四节 发展策略

一、以未来职业发展需要为指导，明确复合型技术技能人才培养定位

以未来职业需求为导向的"1+X"证书制度是复合型技术技能人才培养的必然选择。要把职业技术要求渗透到实际教学中，以提高学生技术运用能力。首先，对需求做好研究，以优化高职院校专业设置。而复合型技术技能人才培养的基本导向，是为了适应行业结构调整对人才培养类型的内在需求。市场经济环境变化也决定了职业教育存在的期限长度，高职院校要适应市场经济变化，针对市场需要进行前瞻性预测，并以此为基础，灵活调整专业设置。其次，紧随产业发展动向，及时调整人才培养方案。作为人才培养的基础框架与重点，培养方案须保留应有的弹性，并因时因需而变，在此基础上形成复合知识课程体系，培养学生的"复合"才能，以更好地适应现实职业需求。最后，对接职业教育人才需求，把竞赛标准渗透到实际教学中。高职院校要充分依托世界技能竞赛、省级及以上职业技能竞赛等各种富有影响力的专业技能大赛平台，把体现企业典型岗位任务能力的大赛题型和标准纳入实习教学中，凸显职业教育类型特点，提高"X"认证的含金量，提升高职院校人才培养品质。

二、以"1"和"X"融合为导向，完善人才培养方案和专业课程体系

（1）修订试点专业人才培养方案，系统融入考证标准。"1+X"证书试点专业要系统修订人才培养目标、课程设置、教学进程安排、实施保障、毕业标准等模块，通过增设"1+X"试点课程，统一安排学生考证实训教学周，将"1+X"证书作为专业核心证书之一等措施，确保人才培养方案接轨职业技能等级证书考核标准。

（2）人才定向培养，在原有人才培养方案基础上，另外增设证书方向的人才培养方案。如浙江工贸职业技术学院物流管理专业、电子商务专业增设了"1+X"的专业人才培养方案。

（3）以培养复合型技术技能人才为目标，基于工作过程对高职院校试点专业课程进行模块化分解，在既有专业课程中植入职业技能等级标准内容，重构基于"1+X"证书制度的专业课程体系。各专业将考证培训课程融入具体教学过程，开设实施"1+X"证书相关专业课程，将考证模块化内容融入实际课堂授课环节中，优化课程授课标准，通过"学与练，学与查，学与思，学与用"的方式，推进课证融合、岗赛融合，提升学生的理论知识与技能水平。

三、形成校企多元教育布局，促进中小企业成为培养人才重要主体

企业参与教育是在"1+X"证书制度背景下对复合型技术技能人才的精准定位。"1+X"证书制度的成功推行，需要校企等多元市场主体广泛积极参与。

（1）制定专门优惠政策引导企业深度投入。政府机构要充分地利用政策导向工具，通过采取税收豁免、参与政府补助等手段，积极吸纳产业能力突出的龙头企业投入人才培养。

（2）构建校企人才交换互培的机制。校企双方在人才培养上存在着更高的互动补充，有丰富教学工作实践经验的专业技能人才可进入高职院校作为兼任教师，进一步优化师资结构；而高职院校的专业师资则可利用授课等多种形式提升企业职工的专业素养，以适应企业快速发展需求。同时利用校企互换互培的制度，企业能够形成创新教育工作队伍并设立长期的专业课程实践基地，以进行校企联合授课。

四、通过"双师素质+双师结构"建设途径，打造高水平师资队伍

"双师型"专业教师队伍是加强复合型技术技能人才培养的关键。要积极探讨"双师素养+双师结构"的专业教师队伍构建途径。"1+X"证书制度要求教师队伍既能"上得厅堂"讲专业理论知识，也要"下得厨房"知悉行业一线实操。教师队伍是"1+X"证书制度的源头，高职院校应当把建设高水平师资队伍作为重点工作。

（1）教师要积极主动参与到职业技能等级证书的开发上，把行业、企业所需的最新知识、技术技能融入人才培养方案中。教师还可以利用课余时间，用学校的实验室、自身的科研团队等优势资源为行业企业提供技术上的支持，既做到学校和企业共同育人、合作双赢，又能提高自身的业务能力。

（2）打造双师型教学创新团队。"双师型"教师在推动"1+X"证书制度的实施过程中具有举足轻重的地位，职业院校拥有相当比例的"双师型"教师才能更好地完成试点工作。"1+X"证书制度中的"X"证书的教学培训工作必须交给具有相应的职业能力和专业技术技能的"双师型"教师来担任。

（3）丰富教师队伍，探索聘请行业专家兼职教学。在"1+X"证书制度中，专业技能技术的掌握是极为关键的，高职院校要探索并鼓励行业和企业的优秀人才到学校去教授指导学生。需要主动联系行业协会，对协会优选人才进行相关教学培训，聘请既能上课也能指导学生实践的优秀产业工人或高技术技能人才来校任教，以提升学生的专业素养。

五、建立并完善"1+X"证书各种配套制度，为试点工作保驾护航

制度是保障改革效果最直接有效的措施，"1+X"证书制度的顺利实施也需

要多项制度的护航。

（1）建立课程置换的制度，就是用企业先进的实训体系去置换学校旧有的课程模式。学生在接受教师的培训时能有更多的机会来接触更多更前沿的专业知识，学校依据企业、培训评价组织和"X"证书所使用的课程为基础，考虑自身所用的教材和实际的教学计划，与学校的整个专业课程设置进行对比，置换一些师资培训、专业教材和教辅课件，并将此课程置换内容安排在当下本学期或下学期学生的学习中，从而保证学校教育与社会需求同步。

（2）建立并完善学分银行制度。学分银行也是《试点方案》中重点强调的环节，其主要内容是累积学分，学分银行制度改变了传统的专业限制以及学习时间的相关规定，并将技术技能培训与学历教育很好地结合在一起。根据"学分银行"的规定，学生只需要完成所选择课程的考试后，就可以获得一定分数的学分。学习者参加相关的专业技术技能培训、考证的时候也是有学分获得的，然后可以累积所有获得的学分。同时，允许学生可以不按照学习规律来学习，就像在银行存款一样，可以集中学习也可以中断学习。即使经过若干年的时间，学习者的学习经历和学习成果还可以成为学分并存到"学分银行"里去。"学分银行"的建立可以很好地实现各个学校以及各级各类教育培训机构之间教学资源的共享，各级"学分银行"之间都可以进行实际的学分交换，建立相关的学术教育以及专业教育之间的交流平台。对于那些有学习能力，而且渴望实现自己理想职业的相关社会成员来讲，给他们提供了一个终身教育以及获取技能等级证书的机会。

（3）建立课证的通融与多元化选择制度。打通专业课与技能证书的壁垒是保证"1+X"证书制度得以顺利实施的关键。高职院校要将课程内容与技能技术标准进行对接，最大程度地将技能技术证书涉及的知识内容纳入院校的日常教学中。同时也要坚持证书的多元化选择管理制度，同意并鼓励学生根据自己的兴趣爱好、职业生涯规划、专业学习质量、学校实训室的建设以及企业实习实训等配套设备来选择需要考取哪种"X"证书，自主选择未来的职业方向。

附　　录

附录一　电子商务数据分析"1+X"证书试点基础、目标及对策

一、试点专业基础

（一）多个国字号项目领衔发展，专业综合实力雄厚

电子商务专业一直是学院重点扶持建设的龙头专业，也是中央财政支持建设专业、浙江省特色专业、温州市重点专业，根据浙江省教育评估院的《浙江省高校毕业生职业发展状况及人才培养质量调查报告》，电商专业的专业发展和人才培养质量一直位列全省前列。

近两年"创新创业"国家专业教学资源库、国家精品在线开放课程、数字经济国家级高技能人才培训基地、教育部"电子商务综合服务协同创新中心"等国字号项目的立项、建设与发展，为电子商务专业建设和发展奠定了坚实的平台基础和强大的资源优势。

（二）创新"学创一体"人才培养模式，教学改革不断深化

专业紧密对接区域电子商务产业发展前沿，根据产业人才需求，细分人才培养方向，建立专业（专业方向）动态调整机制，与电商龙头企业联合制定人才培养方案，明确专业人才培养"一主线双目标"的定位，即以电子商务数据分析职业技能培养为主线，培养"富有岗位创新创业能力的电子商务职业人才"和"具备电子商务专业技术技能的创业人才"的双元目标。

专业精准划分网店运营、电子商务数据分析、网络美工、网络创业 4 个培养方向，实施"学创一体"人才培养模式，在教学中搭建企业真实工作环境、创设真实工作情境和工作任务，实行"以企业（创业）项目为载体的做中学、学中做"，充分体现了学生实践能力本位，教学中融入了德育教育、创新创业教育和劳动教育。实施综合教学评价模式，积极探索将"1+X"职业技能培养融入人才培养方案中，为学生铺设多元发展的通道，形成了独树一帜的"学创一体、工学交替"的专业人才培养特色。目前，专业正在深入开展学徒制试点。

随着专业人才培养模式改革、专业课程体系优化、国家及省级精品在线课程建设、现代学徒制试点工作的深入开展，积累了丰富的教学改革经验，为实施"1+X"证书制度试点提供了良好的基础。

（三）打造优秀教学创新团队，校企互聘师资结构合理

专业教学团队现有教师24人，其中学校专任教师14人，来自行业企业的兼职教师10人。2021年电子商务专业教学创新团队获批国家教学创新团队。

校内专任教师中有教授2名、副教授7名、讲师4名，2名教师具有博士学位，超过80%的教师具有双师素质，有8人取得电子商务师（二级及以上）证书，2人拥有数据分析师证书，1人拥有系统分析师证书，2人取得新媒体高级运营师证书，3人具有浙江省创业导师培训证书。兼职教师中，大部分为来自行业企业的能工巧匠、技术能手，还从往届校友中选聘创业精英，共同担任专业的产业导师。

（四）夯实校内外实训基地建设，实训实习条件优越

依托学院三大园区等产教融合平台，目前建成了数字经济国家级高技能人才培训基地、浙江省"十三五"高等职业教育示范性实训基地、浙江省网络经济高技能人才公共实训基地、温州市电子商务技术支撑与人才培养公共服务平台、温州市电子商务人才培训基地等平台。2019年电商专业建设的"电子商务综合服务协同创新中心"获得教育部"高等职业教育创新行动计划"项目认定。

（五）深入开展社会服务，反哺育人成效明显

专业立足服务区域电商产业，近3年，为政府部门、电商企业提供《温州市电子商务产业发展规划》《国家电商示范市建设方案》等12项政策咨询服务项目，联合开展温州电商企业数据分析培训班、人才培训班、退伍军人网店运营培训班、大学生村官知识更新培训班、浙工贸新商科教师专业能力提升高级研修班等行业培训20余场，为各县市区电商企业人员、事业单位人员继续教育、企业工程系列人员、科技下乡活动等提供专题培训60多场，总培训（受益）人数达2万余人次，年均培训3000余人次。此外，举办3场温州电子商务高峰论坛，6场电商主题沙龙，2场网货对接会，以及支援中西部院校，开展电商教师（从业人员）培训17场，包括贵州职业技术学院教师、甘肃省中职学校电子商务骨干教师、湖北省职业院校国培班等，具有开展社会培训的丰富经验。高质量的社会服务，反哺人才培养，实现教学科研与社会服务的良性互动，学生职业技能水平明显提升。

（六）多年探索电子商务数据分析方向办学

学校电子商务专业早在 2006 年创办之初就开设了《数据库技术与应用》《统计学》等课程，旨在培养学生的数据处理、统计、分析和应用能力。2016 年起专业开设《Python 语言课程》；2017 年起专业正式设立商务数据分析方向，并开设了《统计学》《数据分析工具应用》《数据化营销》《Python 数据分析实务》等系列课程。同时，学院引进了美国斯蒂文斯理工学院商务智能与分析专业教师、京东原资深数据分析师等专家担任专业教师，与浙江中津先进科技研究院、浙江省大数据管理有限公司等知名企业就电子商务数据分析方向开展了课程体系建设、课程标准建设、实习实训、社会培训等全方位合作。

二、试点目标

总体目标：通过参与"电子商务数据分析"职业技能等级证书试点工作，进一步深化我校电子商务专业教学改革，实现学历证书与职业技能等级证书的互通衔接，全面对接新技术、新工艺、新业态，强化复合型技术技能人才培养与培训工作，提高电商人才培养与产业需求的契合度；以学生为中心，深化教师、教材、教法"三教"改革，实现校企深度合作，打造校内外实训基地，全面提升专业教学质量，增强学生的就业创业能力。

力争打造"1+X"证书制度试点的标杆专业以及示范高校，持续推进电子商务专业项目化教学和教考分离改革，高规格、高标准建设"电子商务数据分析"高标准实训基地，完善相关教学标准和教考工作流程，规范相关管理制度；与周边中高职院校、行业协会、重点企业做好对接衔接工作，分阶段推进试点工作，落实校际、校企之间的电子商务专业学分互换改革与学分银行的建设与试行，探索出一套可行的实施办法和管理细则。目标分解如下：

（一）对照"1+X"要求深化教学改革，完善专业人才培养方案

根据电子商务人才培养目标和专业教学标准要求，修订人才培养方案，制定课证一体化标准，改革培养培训评价模式，优化培训内容，实现与专业人才培养目标相融合，完善课程设置和教学内容，统筹教学组织与实施，创新教学方式方法改革，并依据标准和方案持续创新人才培养模式，提高电商人才培养的灵活性、适应性、针对性。

（二）以双师素质为切入点，打造复合型教学团队

抓好专业师资团队建设，注重双师素质提升，集聚学院教师、行业专家和企业能工巧匠，组成经验丰富、技能突出的复合型教学团队，提高专业学生技术技

能培养质量，保证学生综合素质有效提升。

（三）完善校企合作机制，建立健全专业职业培训体系

整合学校、行业、企业、政府等多方资源，深化产教融合、工学结合运行机制，对照电子商务数据分析职业技能证书的要求，建立完善的岗位培训课程体系，优化校内/企业实习实训场地与设施设备，校企共育，持续开展高质量社会培训，推动产教融合走向协同治理。

（四）规范证书培训、评价等管理机制，形成可推广应用范例

深入研究职业技能等级标准与有关专业教学标准，完善培训、考评、发证的工作流程和管理机制，探索建立"学分银行"管理制度，积累学分银行管理经验和运用规律，使学生、社会成员接受学历教育或职业技能培训时，可按规定兑换学分，免修相应课程或模块，促进学历证书与职业技能等级证书互通。

三、主要做法

（一）对照职业技能等级标准，优化专业课程体系

电子商务专业已开设的"电子商务数据分析"证书相关的课程有《数据化营销》《数据分析工具应用》《统计学》《Python 数据分析实务》《电商运营》《网店推广》《网店客服》《网络营销》《电商物流》《新媒体运营》等。专业组织教学团队对照《电子商务专业职业技能等级标准》，梳理课程体系、优化课程内容，将职业技能要求与相关知识融入专业人才培养过程中，对专业课程未涵盖的内容或者需要强化的实训环节，组织开展专门培训，后期根据"1+X"电子商务数据分析证书的相关规范，开发规范性的专业人才培养标准以及课程标准。

（二）注重双师素质培育，加强教学创新团队建设

建立健全专业教学创新团队建设管理办法，从学历、职称、企业工作经历等，优化专兼职师资队伍；鼓励教师下企业挂职锻炼，培养教师的"双师"素质；推荐优秀教师参与电子商务数据分析职业技能证书的培训讲师进修与培训工作，提高试点基地的师资水平，完善培训讲师师资队伍，开展组织鉴定等相关工作的培训活动，提升教师教学培训能力。

（三）按照"1+X"技能实训评价要求，加强校内外实训基地建设

电子商务专业将依托数字经济国家级高技能人才培训基地项目、浙江省"十三五"高等职业教育示范性实训基地等，新增或完善数据化营销、视觉营销、新媒体营销等实训室，开展网店数据分析、网店推广等项目化实训。根据近年来校

企合作情况，遴选业务先进、业绩领先、管理水平高的企业，打造优质校外实习基地，提升电子商务人才培养的设施条件。同时专门针对电子商务数据分析证书试点工作设立独立的试点工作办公室、工作室和实训室，满足培训和考证需求。

（四）加强在线教学资源开发，丰富职业技能教育与培训资源

依托电子商务数据分析职业技能证书的相关要求，围绕电子商务数据分析岗位，积极开发在线教学资源，包括微课、新形态教材、动画等，引导和鼓励学生和社会学员积极参加学习，同步推进线上线下学习，提高混合式教学效果。

（五）推动"三教"改革，建立"1+X"证书制度试点体系

建立激励机制深化教师、教材、教法"三教"改革，在"1+X"社会培训评价组织的指导下，加强专业"1+X"证书试点总体规划，协同确立试点目标，建立健全培训、评价、认证等制度体系。

（六）探索职业教育"学分银行"管理，参与国家资历框架建设

电子商务专业基于"学分互换"的相关政策，积极探索职业教育"学分银行"体系，对学历证书和职业技能等级证书所体现的学习成果进行登记和存储，计入个人学习账号，尝试学习成果的认定、积累与转换，促进学历证书与职业技能等级证书互通，从而激发在校学生与社会学员的考证意愿。

附录二 物流管理"1+X"证书试点基础、目标及对策

一、试点专业基础

（一）多方共建物流管理专业，专业综合实力明显提升

物流管理专业是全国第二批现代学徒制试点专业、浙江省现代学徒制试点专业和温州市重点专业。在专业建设中，物流管理专业依托温州现代物流学院（温州现代物流发展研究院）平台，加强同政府（温州市公路与运输管理中心）、名校（浙江大学管理学院）、行业（温州市物流商会）、企业（温州市物流企业）等主体的融合，发挥各主体优势，开展现代物流人才培养、行业从业人员培训、课题研究、学术交流等，培养区域物流技术技能人才，为温州乃至浙南区域物流产业的发展提供人才保障和智力支撑。根据浙江省教育评估院所做的《浙江省高校毕业生职业发展状况及人才培养质量调查报告》，物流管理专业的专业发展水平、人才培养质量一直位列全省前列。

（二）创新人才培养模式，专业建设卓有成效

物流管理专业依托温州现代物流学院资源，通过成立校企共建工作小组、制定实施方案、联合开发课程、共同实施培养、采取行业评价等方式，"双元"培养企业所需要的物流技术技能人才。具体包括：与温州人本物流等企业开展教育部第二批现代学徒制试点，培养商贸物流人才；与百世物流等公司合作探索"学习、顶岗、毕业设计、就业"四位一体模式，培养第三方物流人才；与顺丰、德邦等企业等开展订单班，培养电商仓储物流人才。与温州市物流商会以及浙江正泰电器有限公司、奥康集团等企业深度合作，创新校企合作机制，共建产学研基地以及实习实训基地，实现资源共享、共同发展。物流管理专业学生参加国家和浙江省举办的各类专业技能竞赛和创新创业竞赛，先后获得全国高职院校"挑战杯"创新创业大赛全国银奖、全国物流沙盘竞赛二等奖、浙江省现代物流作业方案设计与实施竞赛个人赛一等奖、团体赛二等奖、浙江省高职院校"挑战杯"创新创业竞赛特等奖等荣誉，无论获奖质量还是数量均在全省高职院校物流管理专业中名列前茅。随着专业人才培养模式改革、校企合作不断深化、教育部现代学徒制试点工作的成功验收，专业积累了比较丰富的教学改革和人才培养经验，为实施教育部"1+X"证书制度试点提供良好的基础。

（三）优化师资队伍，校企师资结构合理

物流管理专业教学团队现有教师 22 人，其中，学院专任教师 9 人，专业还聘请刘南、陈火根等 4 名浙江大学管理学院教授、2 名博士、校企合作企业 7 名经理为校外兼职教师；形成"专兼结合、结构合理、校企互聘"的专业教学团队。同时，还聘请浙江大学管理学院教授刘南、邓明荣等担任物流专业建设顾问，指导开展专业人才培养方案修订和课程设置等相关工作。专业每学期安排浙江大学管理学院专业教师作为物流专业兼职教师，其中，刘南、陈火根、邓明荣、卓骏、顾旻昊、张羽等教授、博士为我院学生主讲运输与配送管理、物流信息管理、国际物流、供应链管理等专业核心课程，每年受益学生 350 余人，基本覆盖专业全体学生。

（四）重视校内外实训基地建设，实习实训条件优越

一是深化校内实训基地建设。扩建现代仓储与配送实训室，开发完成出入库操作、配送订单制作等 20 余个实习实训项目；完成现代物流创业中心建设，主要承担物流快递超市运营和物流信息化外包服务，由物流管理专业学生负责运营管理，月营业额达 12 万元；采购物流信息管理系统、交通规划 TRANSCAD 等信息化软件，完善校内实训管理制度 5 项。校内现建有现代仓储与配送、物流创

业、智慧物流等 5 个实训室，实训工位数达 350 多个，相关设施设备符合物流管理职业技能等级证书试点要求。二是加强校外实习基地建设。新增温州东风运输、人本物流、德邦物流、正泰集团、奥康电子商务有限公司、森马集团、杭州储仓快杰等 15 个校外实训基地，总数共计 30 个，完全满足物流管理专业全部学生的实训和实习需求，形成工学结合、企业顶岗实践运行系列管理制度各 1 套。

（五）积极开展社会培训，受到行业企业高度认可

物流管理专业依托温州现代物流学院每年面向物流企业、生产企业、流通企业等相关企业，定期开展专项培训，提高物流管理从业人员的整体素质。定期举办物流峰会、智汇物流沙龙活动，搭建行业交流学习平台。如主办"互联网+"时代物流业的机遇与挑战、智慧物流产业发展等物流高峰论坛，联合国家综合物流信息平台共同承办交通强国智慧物流高峰论坛（交通运输部、温州市人民政府主办）；举办赴浙江大学物流高级培训班、温州市物流安全培训班、温州市智慧物流高修班等，同时应邀为省内企业开展专题培训，近五年累计培训达 12000 多人次，人民网、温州日报、温州新闻联播等市级以上媒体专题报道共计 30 余次。

二、试点目标

通过物流管理职业技能等级证书试点工作，促进我校物流管理专业教学改革，实现学历证书与职业技能等级证书的互通衔接，全面对接新技术、新工艺、新业态，强化复合型技术技能人才培养与培训工作，提高物流管理人才培养与产业需求的契合度。重点围绕服务区域物流产业发展、企业人才需求、学生就业能力提升等方面，将"1+X"证书制度试点与物流管理专业建设、课程建设、师资队伍建设紧密结合，深化教师、教材、教法"三教"改革，加强校企合作，共建共享校内外实训基地，提升物流专业人才培养质量和学生就业创业能力。

三、主要做法

（一）调整人才培养方案，优化专业课程体系

根据"1+X"证书试点精神，调整人才培养方案，专业教学团队对照《物流管理职业技能等级标准》，根据行业企业人才需求调研结果，编制典型的岗位群，梳理课程体系、优化课程内容，加强《物流管理基础》《物流市场营销》《物流信息管理》《仓储与配送管理》《运输管理》《物流系统规划设计》《供应链管理》《物流成本管理》等课程的教学改革；将职业技能要求与相关知识融入专业人才培养过程中，将专业课程未涵盖的内容或者需要强化的实训环节，融入新开的专业课程中，根据物流管理职业技能等级证书的相关规范，开发规范性的专业人才培养标准以及课程标准。

（二）完善实习实训基地，为"1+X"证书试点提供教学保障

物流管理专业将依托数字经济国家级高技能人才培训基地，新增或完善智慧物流、供应链管理等物流实训室。依托浙江省高等教育教学改革项目、国家高技能培训基地立项的一批教改项目，完善基地运行机制，开发培训课程体系，提高社会服务能力。根据近年来校企合作情况，遴选技术先进、管理水平高的物流企业，比如人本物流、顺丰速运、京东物流等，深入开展现代学徒制培养，打造优质校外实习基地。创新实训基地运作模式，借鉴德国双元制和企业课堂模式，逐步增加校企合作共建实训室数量，完善"产教结合"运作机制，提升服务企业质量。引进优质"互联网+"教学资源和教学信息化改革，更新教师信息化教学理念，提升教师信息化教学能力。利用"互联网+"教学资源开展在线学习与传统授课辅导相结合的线上线下混合教学模式，满足不同层次学习者的需求，提高教学质量。

（三）加强师资队伍建设，培养"1+X"教学培训团队

加强师资队伍建设，从学历、职称、企业工作经历等方面，优化专兼职师资队伍；鼓励教师下企业挂职锻炼，培养教师的"双师"素质；鼓励专业教师参与物流管理职业技能等级证书的培训工作，完善物流管理专业培训师资队伍，在一年内培养6名"1+X"培训教师，打造专兼结合、技能突出的复合型教学培训团队。进一步转变专业教师教学理念，有计划、有步骤地探索"1+X"教学模式，鼓励教师参与访工访学项目，提高教师实践能力和创新能力。

（四）推动"三教"改革，提升专业教学培训水平

遴选校内、企业优秀师资共同组成"物流管理职业技能等级证书"教学培训团队，校企双方共同开发项目化课程、编写培训教材、开发教学资源，共同授课。积极参加全国物流行指委等系列培训教材的编写工作，采用高职院校师生熟悉的项目化教学或案例教学的结构开发教材，内容上体现物流企业关键岗位的典型任务、工作流程和要求。加强教师进修培训与企业轮训，分工协作进行模块化教学，加强研讨，强化教学教法能力，打造"有用、有趣、有效"的课堂，通过有效课堂认证等机制，提高专业教学水平和教学培训质量。

（五）深化校企合作，建立规范的职业培训体系

深入推进校企合作，及时总结教育部第二批现代学徒制专业试点经验，与人本物流、顺丰速运等企业合作共同开发培训课程，建立规范的职业培训体系，将行业的新技术、新工艺、新规范纳入教学标准和教学内容，强化学生实习实训，发展多

种形式的继续教育。与瓯海职业中专、温州市物流商会、温州现代物流学院理事企业等单位做好对接工作，面向在校学生和全体社会成员开展职业培训，引导行业企业深度参与技术技能人才培养培训，帮助学生学员考取职业培训证书。

（六）完善考试评价方法，实施高质量职业培训

建立合理的专业课程评价体系，完善物流管理职业技能等级证书考试评价方法，重视过程性考核，积极利用各种信息化教学手段，优化实习实训环节和考核评价方式，体现评价的真实性、过程性、多元性。为物流管理职业技能等级证书试点工作建立完善的评价体系，配合培训评价组织实施证书考核，高质量完成职业培训任务。

（七）对接培训评价组织，完善试点工作流程

在中物联物流采购培训中心的指导帮助下，加强专业"1+X"试点总体规划，协同确立试点目标，建立培训、评价、认证等制度体系。在学院支持下，设立专门的培训办公室，细化试点工作流程，与中物联物流采购培训中心做好对接，特别是对职业技能等级标准、师资培训、教学安排、考核站点建设等事项进行沟通，为试点工作做好相关安排。

（八）推进"学分银行"学分互认，促进双证融通

专业在"学分银行"的相关政策下，按照相关规定研制物流管理专业具体的学习成果转换办法，对接上级学分银行管理中心，做好本校及本区域内学习者的学分认证、信息管理、系统建设等工作。对学历证书和职业技能等级证书所体现的学习成果进行登记和存储，计入个人学习账号，探索学习成果的认定、积累与转换，促进学历证书与职业技能等级证书互通，从而激励在校学生的考证需要。

附录三 "1+X"证书制度背景下高职院校
试点关键影响因子调查问卷

尊敬的各位老师：

"1+X"证书制度是《国家职业教育改革实施方案》（职教 20 条）的一项重要创新制度，是推动职业教育改革发展的重要举措。本课题组希望通过问卷收集一些大家关于"1+X 证书制度背景下高职院校试点关键影响因子"的看法，您的宝贵意见是对我们从事这项研究最大的鼓励与支持。感谢您能抽空填写这份问卷，十分感谢！

第一部分：基本情况

1. 您的性别：

☐男

☐女

2. 您的年龄（周岁）：

☐25（含）~35 岁

☐35（含）~45 岁

☐45（含）~55 岁

☐55（含）以上

3. 您的专业技术职称：

☐助教（或相当于）

☐讲师（或相当于）

☐副教授（或相当于）

☐教授（或相当于）

4. 您目前工作教龄：

☐5 年（含）以下

☐5~15 年（含）

☐15~25 年（含）

☐25 年以上

第二部分："1+X"证书制度背景下高职院校试点关键影响因子分析

以下题目为"1+X"证书制度背景下高职院校试点关键影响因子分析，题目采用 5 级打分制，1 分表示"非常不重要"，2 分表示"不重要"，3 分表示"一般"，4 分表示"重要"，5 分表示"非常重要"，请依据您过去的经验及了解等情况进行选择。

名称	"1+X"证书关键影响因子	因子重要度
职业标准与课程标准融合	学历教育和职业技能等级证书的融合	☐ ☐ ☐ ☐ ☐ 1　2　3　4　5
	专业课程与职业标准的对接	☐ ☐ ☐ ☐ ☐ 1　2　3　4　5
	职业技能标准与课程标准的融合	☐ ☐ ☐ ☐ ☐ 1　2　3　4　5
	学历证书与资格证书的对接	☐ ☐ ☐ ☐ ☐ 1　2　3　4　5

续表

名称	"1+X"证书关键影响因子	因子重要度				
职业标准与 课程标准融合	教学过程与生产过程的对接	□ 1	□ 2	□ 3	□ 4	□ 5
	证书培训与考核成本	□ 1	□ 2	□ 3	□ 4	□ 5
	"1+X"证书教学资源的开发	□ 1	□ 2	□ 3	□ 4	□ 5
师资队伍与 证书认可度	证书与专业的适用性	□ 1	□ 2	□ 3	□ 4	□ 5
	学校双师队伍建设	□ 1	□ 2	□ 3	□ 4	□ 5
	证书试点专业选择	□ 1	□ 2	□ 3	□ 4	□ 5
	培训评价组织和证书的管理评价方法	□ 1	□ 2	□ 3	□ 4	□ 5
	"1+X"证书制度配套政策支持	□ 1	□ 2	□ 3	□ 4	□ 5
	课程建设与职业培训的适应性	□ 1	□ 2	□ 3	□ 4	□ 5
	职业院校、企业、学生及家长对证书的认可度	□ 1	□ 2	□ 3	□ 4	□ 5
人才培养方案与 教学管理制度	专业教学、培训考证的时间分配	□ 1	□ 2	□ 3	□ 4	□ 5
	学校的教学制度和管理制度改革	□ 1	□ 2	□ 3	□ 4	□ 5
	"1+X"的课程体系与融合	□ 1	□ 2	□ 3	□ 4	□ 5
	模块化教学模式的建立	□ 1	□ 2	□ 3	□ 4	□ 5
	"1+X"人才培养方案制定及教学任务实施	□ 1	□ 2	□ 3	□ 4	□ 5
	学校"1+X"证书运行机制的保障	□ 1	□ 2	□ 3	□ 4	□ 5
	培训及考核站点建设	□ 1	□ 2	□ 3	□ 4	□ 5

续表

名称	"1+X"证书关键影响因子	因子重要度				
考核与经费制度保障	学校对"1+X"证书的考核与激励机制	□ 1	□ 2	□ 3	□ 4	□ 5
	教师实践教学能力	□ 1	□ 2	□ 3	□ 4	□ 5
	政府政策制度的支持与创新	□ 1	□ 2	□ 3	□ 4	□ 5
	专项经费支持力度	□ 1	□ 2	□ 3	□ 4	□ 5
	明确学校、培训评价组织、学生三方的职责与权益	□ 1	□ 2	□ 3	□ 4	□ 5
培训评价组织遴选与考核评价	培训评价组织的遴选和管理	□ 1	□ 2	□ 3	□ 4	□ 5
	培训评价组织规模实力	□ 1	□ 2	□ 3	□ 4	□ 5
	"1+X"证书整体考核评价体系建立	□ 1	□ 2	□ 3	□ 4	□ 5
	学校、培训评价组织、企业相结合的评价体系建立	□ 1	□ 2	□ 3	□ 4	□ 5
	学分认定、积累和转换机制的建立	□ 1	□ 2	□ 3	□ 4	□ 5
人才培养模式与职业技能培训	"1+X"证书人才培养模式	□ 1	□ 2	□ 3	□ 4	□ 5
	教师参加证书师资培训程度	□ 1	□ 2	□ 3	□ 4	□ 5
	校企实习实训基地的建立	□ 1	□ 2	□ 3	□ 4	□ 5
	职业技能培训与人才培养过程的融合	□ 1	□ 2	□ 3	□ 4	□ 5
考证积极性与通过率	学员报名考证积极性	□ 1	□ 2	□ 3	□ 4	□ 5
	证书的通过率	□ 1	□ 2	□ 3	□ 4	□ 5

参 考 文 献

［1］何万宁．试析专业学位教育与高等职业教育的对接［J］．高教探索，2002（4）：30-32，40.

［2］曹永跃．高职教育服务"健康中国行动"路径探索［J］．职教论坛，2020（2）：158-163.

［3］孙善学．对"1+X"证书制度的几点认识［J］．中国职业技术教育，2019（7）：72-76.

［4］崔志钰，陈鹏，倪娟．职业院校"1+X"证书制度试点的误区解析与实践策略［J］．职教论坛，2020，36（12）：29-37.

［5］袁旗．《国家职业教育改革实施方案》十大概念解读［J］．职业技术教育，2019，40（33）：44-47.

［6］李红卫．我国职业资格证书制度与职业教育关系研究综述［J］．职教论坛，2012（7）：9-13.

［7］石宏伟，李海宁．美国"赠地学院"的社会服务功能及其对我国高等教育的启示［J］．江苏高教，2011（4）：147-149.

［8］李琳璐．"十三五"期间我国一流大学服务社会的路径选择与领域分析［J］．黑龙江高教研究，2020，38（8）：26-33.

［9］聂伟，罗明丽．贫困地区职业教育精准扶贫作用的制约与张扬［J］．职业技术教育，2019，40（16）：60-64.

［10］刘亚西．高水平高职学校社会服务能力提升的实践逻辑［J］．中国职业技术教育，2019（30）：10-13，28.

［11］顾月琴，涂三广．英国BTEC职教模式的影响及其发展趋势［J］．职业技术教育，2017（19）：74-79.

［12］张学英，耿旭．"1+X"证书制度下的课证融合研究：基于英国BTEC的思考［J］．职教论坛，2020（10）：47-51.

［13］李静，周世兵．"1+X"证书角色与功能定位研究［J］．职教论坛，2019（7）：152-155.

［14］鄂甜．德国职业教育附加职业资格的内涵、功能及对我国"1+X"制度的启示［J］．职业技术教育，2019（22）：66-73.

［15］毛美娟，汪维富．可堆叠证书实践对"1+X"证书制度实施的启示［J］．成人教育，2020（11）：76-80.

［16］OECD. Movings the Role of National Qualification Systems in Promoting Lifelong Leaning［R］. Paris：OECD Hesaquarters，2006：5-6.

［17］Dina Kuhlee，Andrea Laczik. Vocational education and training in Germany［M］. OXford：Research in Comparative & International Education，2015：33.

［18］Thomas R. Cusack. Economic interests and the origins of electoral ystems［J］. American Political Science Review，2007.

［19］Andra Wolter. "von der beruflichen Bildung zur akademischen Bildung? Die Akademisierungsdebatte in

Deutschland"[J]. Peking University Education Review, 2018 (6)：86-89.

[20] 张开旺，贾颖绚，冯伟．"1+X"证书制度下高职课程改革研究 [J]．经济师，2021 (2)：163-164.

[21] 包套图．"1+X"证书制度背景下书证融通式人才培养研究 [J]．船舶职业教育，2021，9 (1)：12-14.

[22] 何佳祺．物流专业供应链 "1+X" 证书制度研究 [J]．中国物流与采购，2020 (24)：59.

[23] 周建军，张锦惠．物流管理 "1+X" 证书制度试点的运行逻辑与实施探索 [J]．职业教育研究，2020 (12)：16-20.

[24] 尚书山．"1+X"证书制度试点背景下物流管理专业课程体系存在的问题及对策 [J]．广西教育，2020 (7)：26-28.

[25] 孙梦黎．高职院校物流专业 "1+X" 证书制度背景下课程设计的探索：以仓储与配送管理课程为例 [J]．知识文库，2020 (23)：112-114.

[26] 江波，卢灿辉．职业院校 "双师型" 教学团队研究述评 [J]．湖南工业职业技术学院学报，2020，20 (6)：79-81，99.

[27] 李子云，童寒川．"1+X"证书的职业教育课程模式研究 [J]．成人教育，2020 (11)：70-75.

[28] 张艳，刘军．高等职业教育课程嵌入 "1+X" 证书的教学模式探索与研究 [J]．商业经济研究，2019 (21)：179-182.

[29] 刘炜杰．"1+X"证书制度下职业教育的课程改革研究 [J]．职教论坛，2019 (7)：47-53.

[30] 丁振国，郭亚娜．高职院校 "1+X" 证书制度实施路径与保障 [J]．中国职业技术教育，2020 (10)：53-56.

[31] 彭飞霞．"1+X"证书制度下职业教育教师胜任力：结构模型与优化路径 [J]．中国职业技术教育，2020 (18)：12-18.

[32] 张伟，张芳，李玲俐．"1+X"证书制度下职业院校教师专业发展研究 [J]．职教论坛，2020 (1)：94-97.

[33] 吴南中，夏海鹰．"1+X"证书制度下职业院校变革逻辑与推进策略 [J]．教育与职业，2020 (8)：5-12.

[34] 徐凤，李进．"1+X"证书制度在职业教育创新发展中的价值及试行路径研究 [J]．中国职业技术教育，2019 (27)：9-12.

[35] 龚添妙，杨虹．"1+X"证书制度中培训评价组织的角色定位及最大效能发挥 [J]．教育与职业，2020 (6)：33-38.

[36] 李寿冰，高艳芳，满冬．"1+X"证书制度试点下职业教育培训评价组织建设与监管 [J]．中国职业技术教育，2020 (7)：50-53.

[37] 周绍梅，王启合．基于 "1+X" 证书制度的职业教育与培训体系改革 [J]．教育与职业，2020 (7)：12-18.

[38] 李乐，朱倩谊．"1+X"证书制度与书证融通的实践探究［J］．现代农村科技，2021（8）：73-75.

[39] 李虔，卢威，尹兴敬．"1+X"证书制度：进展、问题与对策［J］．国家教育行政学院学报，2019（12）：18-25.

[40] 贾林平，郭炬．高等职业教育实施"1+X"证书制度培养模式探析［J］．北京工业职业技术学院学报，2020，19（1）：46-49.

[41] 王垚芝，卢德生．德国职业资格证书制度及对"1+X"证书制度的启示［J］．当代职业教育，2020（5）：105-112.

[42] 和震，杜小丽．美国与德国职业学校师资培养中的"三性"融合原则研究［J］．教师教育学报，2021，8（2）：33-39.

[43] 高文杰．"1+X"证书制度的必然性、系统运行与推进理路［J］．职业技术教育，2020（22）：40-46.

[44] 蒋代波．职业教育"1+X"证书制度：时代背景、制度功能与落地策略［J］．职业技术教育，2019（12）：13-17.

[45] 程舒通．资历框架、学分银行与"1+X"证书制度的协同发展研究［J］．职教论坛，2020（12）：38-44.

[46] 杨红荃，张雪娉．职业教育"1+X"证书制度价值内涵和实施的多角度分析［J］．职教论坛，2020（12）：45-51.

[47] 赵坚，罗尧成．推进"1+X"证书制度试点工作的若干思考与初步实践［J］．中国职业技术教育，2019（27）：5-8.

[48] 章帆．"1+X"证书制度下的证书效力［J］．人才资源开发，2022（10）：26-27.

[49] 张国民．"1+X"证书制度的价值意蕴、现实困境与优化对策——基于职业教育"三个面向"的视角［J］．中国高教研究，2022（4）：103-108.

[50] 张培，夏海鹰．技能型社会视域下职业教育工匠精神培育的时代审视与行动框架［J］．教育与职业，2022（9）：28-35.

[51] 王晓雅．高职物流管理专业"1+X"证书制度实施效果分析与研究［J］．中国储运，2022（6）：166-168.

[52] 蒋慧贤，赵加环．基于"1+X"证书制度的高职物流管理专业建设探索［J］．物流工程与管理，2022，44（5）：196-198.

[53] 李菁．高职院校开展物流管理专业"1+X"证书制度试点工作的相关问题思考［J］．营销界，2021（31）：73-74.

[54] 程舒通．"1+X"证书制度工作的理念、思路、难点及对策［J］．教育与职业，2019（22）：25-30.

[55] 丁振国，郭亚娜．高职院校"1+X"证书制度实施路径与保障［J］．中国职业技术教育，2020（10）：53-56.

[56] 李童燕．基于"1+X"证书制度高职人才培养模式的探索［J］．中国高等教育，2020（8）：61-62.

[57] 戴岭，程广文，刘冬冬，等．"1+X"证书制度下高职院校产教融合人才培养模式：内在契合性、现实困境与消弭路径 [J]．实验技术与管理，2021，38（11）：247-253，281.

[58] 祝珊珊．"1+X"证书制度下学分银行建设探索与研究 [J]．天津电大学报，2019，23（4）：38-42.

[59] 曾天山．"岗课赛证融通"培养高技能人才的实践探索 [J]．中国职业技术教育，2021（8）：5-10.

[60] 李鹏，石伟平．中国职业教育类型化改革的政策理想与行动路径——《国家职业教育改革实施方案》的内容分析与实施展望 [J]．高校教育管理，2020，14（1）：106-114.

[61] 陈子季．优化类型定位，加快构建现代职业教育体系 [J]．中国职业技术教育，2021（12）：5-11.

[62] 庄西真．产教融合的内在矛盾与解决策略 [J]．中国高教研究，2018（9）：81.

[63] 李政涛．"五育融合"推动基础教育高质量发展 [J]．人民教育，2020（20）：14-15.

[64] 陈章，幸荔芸，杨鸿．高职院校技能大赛体系建构："3+N+4"模式与实践 [J]．职教论坛，2020，36（11）：39-44.

[65] 周丙洋．共享发展视域下高职产教融合生态系统优化研究 [J]．教育与职业，2020（19）：12-19.

[66] 吕建强，许艳丽．从聚焦到转向——近20年我国高职教育学习评价研究述评 [J]．中国职业技术教育，2018（33）：70-76.

[67] 朱德全，杨易昆．职业教育"产赛教"融合：机理、问题与治理 [J]．职教论坛，2020，36（11）：31-38.

[68] 崔志钰，陈鹏，倪娟．职业院校"1+X"证书制度试点的误区解析与实践策略 [J]．职教论坛，2020，36（12）：29-37.

[69] 徐国庆．高职教育课程质量评价指标研究 [J]．中国高教研究，2013（2）：89-93.

[70] 龚芸．高职院校专业群课程逆向设计及其实践 [J]．教育与职业，2020（22）：95-100.

[71] 王红艳，杨育宏．高职院校学生学习质量"多元化"评价体系的构建与实践 [J]．教育与职业，2010（15）：39-40.

[72] 刘辉．促进学习的评价：从报告分数到建立反馈机制 [J]．当代教育科学，2016（4）：29-32.

[73] 王晓伟．基于SWOT分析的高职现代物流管理专业"1+X"证书制度推进策略 [J]．职业技术教育，2022，43（11）：69-73.

[74] 李乐东．基于"1+X"证书制度的现代物流管理专业应用型人才培养体系探究——以山西职业技术学院为例 [J]．物流工程与管理，2022，44（3）：175-177.

[75] 魏淑梅．"1+X"证书制度下高职物流管理专业人才培养研究与探索 [J]．中国储运，2022（3）：91-92.

[76] 姜洪，张兆民，聂鲸郦．"1+X"证书互通衔接机制的构建和路径 [J]．港口科技，2022（2）：43-46.

[77] 王磊，杨红艳．"1+X"证书制度下高职物流管理专业课证融合人才培养模式探究 [J]．中国物流与采购，2022（3）：77-78．

[78] 刘惠娟，宋新硕，邓华．"1+X"证书制度下高职院校教师队伍建设研究 [J]．教育与职业，2022（9）：78-83．

[79] 刘桂林，洪灵敏，魏国彬．"1+X"证书制度下职业院校教师的角色定位与生成探究 [J]．职教论坛，2021，37（6）：92-97．

[80] 王宏兵，华冬芳．高职院校师资队伍提质培优：新要求、新挑战与新路径 [J]．职教论坛，2020，36（11）：88-93．

[81] 黄一鸥，曾绍玮．书证融通背景下"1+X"证书制度的价值目标与推进路径 [J] 教育与职业，2021（5）：12-19．

[82] 张丹，朱德全．从单一到多元：新时代职业教育师资队伍建设的改革设想 [J]．职教论坛，2020，36（10）：80-89．

[83] 胡维芳，闫智勇，陆菲菲．高等职业教育教师专业素质现状调查 [J]．职业技术教育，2019，40（11）：59-63．

[84] 石伟平，郝天聪．产教深度融合，校企双元育人——《国家职业教育改革实施方案》解读 [J]．中国职业技术教育，2019（7）：93-97．

[85] 杨建新．全面发展理念：高水平高职院校建设的人才培养模式新特征 [J]．中国职业技术教育，2019（5）：11-14，19．

[86] 丁馨．从"1+X"证书制度看高职院校"双师型"教师队伍建设 [J]．教育与职业，2021（1）：78-82．

[87] 杜怡萍，李海东，詹斌．从"课证共生共长"谈"1+X"证书制度设计 [J]．中国职业技术教育，2019（4）：9-14．

[88] 李倡平．高职实训基地功能定位与建设原则探析 [J]．教育与职业，2010（24）：17-19．

[89] 李政．职业教育"1+X"证书制度：背景、定位与试点策略——《国家职业教育改革实施方案》解读 [J]．职教通讯，2019（3）：30-35．

[90] 戴勇，张铮，郭琼．职业院校实施"1+X"证书制度的思路与举措 [J]．中国职业技术教育，2019（10）：29-32．

[91] 闫智勇，姜大源，吴全全．"1+X"证书制度的治理意蕴及误区规避 [J]．教育与职业，2019（15）：5-12．

[92] 周小青，姜乐军，肖红升，等．基础性条件保障："1+X"证书制度下的实训基地建设 [J]．职业技术教育，2020，41（2）：16-20．

[93] 秦咏红，郑建萍，王晓勇．产教融合实训基地的技术教学论基础与建构方案 [J]．高等工程教育研究，2020（5）：95-100，109．

[94] 孙善学．对"1+X"证书制度的几点认识 [J]．中国职业技术教育，2019（7）：72-76．

[95] 张晓刚．"1+X"证书制度试点工作存在的问题与对策 [J]．教育与职业，2021（15）：52-56．

[96] 王聪．高职院校推进"1+X"证书试点项目的探索与思考 [J]．中国职业技术教育，

2021（19）：77-81.

［97］崔志钰，陈鹏，倪娟．职业院校"1+X"证书制度试点的误区解析与实践策略［J］．职教论坛，2020，36（12）：29-37.

［98］陈丽婷，李寿冰．"1+X"证书制度实施的意义与现实问题分析［J］．职业技术教育，2020，41（27）：13-18.

［99］李寿冰．高职院校开展"1+X"证书制度试点工作的思考［J］．中国职业技术教育，2019（10）：25-28.

［100］许宇飞，罗尧成．职业院校推进"1+X"证书制度的现实之困与应有之举［J］．教育与职业，2021（14）：29-35.

［101］杨天红．职业教育"1+X"证书制度实施的难点与推进对策［J］．吉林省教育学院学报，2021，37（7）：126-129.

［102］吴南中，谢红．"1+X"证书制度下职业教育人才培养模式的变革方向与创新路径［J］．职业技术教育，2020，41（36）：22-26.

［103］梁艳，胡先智，丁心安，等．"1+X"证书制度下高职院校创新型人才培养及实施路径研究［J］．创新创业理论研究与实践，2022，5（10）：115-117.

［104］李妮，阮宜扬．"1+X"证书制度试点的校企合作困境及其组织学解释［J］．职教论坛，2022，38（5）：16-22.

［105］刘佳莉．数智化背景下"1+X"证书与高职会计人才培养的融合研究［J］．现代商贸工业，2022，43（13）：182-184.

［106］唐以志．"1+X"证书制度：新时代职业教育制度设计的创新［J］．中国职业技术教育，2019（16）：5-11.

［107］杜怡萍．"1+X"证书制度实施的要件、挑战及策略［J］．教育学术月刊，2020（4）：35-41.

［108］覃川．"1+X"证书制度：促进类型教育内涵发展的重要保障［J］．中国高教研究，2020（1）：104-108.